反食品浪费

法律制度研究

赵宇灵 黄 静 著

中国出版集团有限公司
China Publishing Group Co., Ltd.

研究出版社

图书在版编目（CIP）数据

反食品浪费法律制度研究/赵宇灵，黄静著. -- 北京：研究出版社，2023.6

ISBN 978-7-5199-1514-8

Ⅰ．①反… Ⅱ．①赵… ②黄… Ⅲ．①粮食－节约－法律－研究－中国 Ⅳ．①D922.164

中国国家版本馆 CIP 数据核字（2023）第 112389 号

出 品 人：赵卜慧
出版统筹：丁　波
责任编辑：安玉霞

反食品浪费法律制度研究

FAN SHIPIN LANGFEI FALÜ ZHIDU YANJIU

赵宇灵　黄静　著

研究出版社 出版发行

（100006 北京市东城区灯市口大街 100 号华腾商务楼）

四川科德彩色数码科技有限公司　新华书店经销

2023 年 6 月第 1 版　2023 年 6 月第 1 次印刷

开本：710 毫米×1000 毫米　1/16　印张：9.75

字数：125 千字

ISBN 978-7-5199-1514-8 定价：58.00 元

电话（010）64217619　64217652（发行部）

引　言

"在伦理领域，人类行善或作恶的选择为他记下了一部道德账册。"① 从果腹到满足嗜好以及调理身体，食品是人类生存和发展的基本物质保障。人类对食品的需求不断演化，但对食品的担忧也从未间断。20世纪70年代以来，全球范围内出现的粮食问题、人口问题、环境资源问题、能源问题等更是引起了关注。在食品问题中，尽管这些年社会对食品安全的关注热度不减，但是随着食品安全法律的健全和社会共治体系的推进，食品安全问题得到了相当程度的改善。而食品浪费问题持续引起关注但暂未得到明显改善，甚至因为食品浪费发生于众多环节的缘故使之更难解决，需要持之以恒地努力。

反食品浪费不仅是个别或者部分国家的任务，更是全球性的使命。节约食品、反对浪费的规定也最早在国际层面展开，并直接或间接表现于联合国相关组织与粮食安全相关的公约、协定、宣言、指南等文件中。1974年，世界粮食会议颁发的《世界粮食安全国际协定》不仅首次提出"粮食安全"，还专门提到推动粮食节约和实现粮食增量减损，从而避免世界粮食危机。但是，联合国粮农组织2013年发布的《食物浪费足迹：对自然资源的影响》报告依然显示，全球每年食物浪费达到13亿吨，占食物制造总量的1/3，54%的食物浪费发生在生产、收获后

---

① 〔英〕阿诺德·约瑟夫·汤因比. 人类与大地母亲——一部叙事体世界历史 [M]. 徐波，等译，上海：上海人民出版社，2012：529.

处理和储存等"上游"环节，46％的食物浪费发生在加工、流通以及消费等"下游"环节。为此，2015年，联合国通过《2030年可持续发展议程》并提出2030年以前实现生产、销售、消费等环节全球粮食减损过半的可持续发展目标。当然，国际组织的努力仍需要转换为各国的具体行动。为落实《2030年可持续发展议程》确立的"到2030年零售和消费端全球人均食物浪费量减少一半"的可持续发展目标，我国在2016年就已经宣布"落实2030年可持续发展议程"，明确"加快形成政府主导、企业实施、全民参与、共同行动的粮食节约减损机制，减少粮食流通各环节损失，构筑'无形粮田'。到2020年，每年减少粮食产后流通环节损失浪费1300万吨以上，损失浪费率下降40％以上"。①

反食品浪费不仅需要道德的持续发力，更需要法律的权威震慑。"谁知盘中餐，粒粒皆辛苦"，珍惜粮食、反对食品浪费是中华民族的优良传统。但是，好面子讲排场的社会风气并未彻底扭转，随着国人生活的改善，食品浪费严重。根据2020年全国人民代表大会常务委员会专题调研组《关于珍惜粮食、反对浪费情况的调研报告》显示，"每年粮食储藏、运输、加工环节损失量达700亿斤以上"，"仅城市餐饮每年食物浪费大致在170亿～180亿千克（不包括居民家庭饮食中的食物浪费）"。"通过道德的接纳来降低消费者社会的消费水平，减少其他方面的物质欲望，是一个理想主义的建议，尽管它与几百年的潮流相抵触，然而它可能又是唯一选择。"② 但是，面对严重的食品浪费，道德约束很难取得实质性的进展。法律是成文的道德，道德是内心的法律，有效遏制食品浪费，建立健全反食品浪费的长效机制，还必须借助法律手段，发挥法律的强制性权威。反食品浪费必须充分发挥法治的关键作

---

①国家发展改革委、国家粮食局《关于印发〈粮食行业"十三五"发展规划纲要〉的通知》（发改粮食〔2016〕2178号）。

②〔美〕艾伦·杜宁.多少算够——消费社会与地球未来［M］.毕聿，译.长春：吉林人民出版社，1997：113.

用，健全反食品浪费法治体系，依法反食品浪费。

反食品浪费不仅需要《宪法》等相关法律的倡导，更需要制定反食品浪费的专项法律进行针对性治理。我国《宪法》第 14 条第 2 款明确规定："国家厉行节约，反对浪费。"粮食安全已经成为国家安全的重要组成部分，我国《国家安全法》第 22 条规定，"国家健全粮食安全保障体系"。但《宪法》的倡导性规定需要具体法律的落实，保障粮食安全更需要避免食品的浪费。因此，我国专门出台了《反食品浪费法》，反餐饮浪费等相关地方立法也正在健全的过程中。

反食品浪费不仅是国家机关的职责，更是全社会共同的责任。《党政机关厉行节约反对浪费条例》构筑了党政机关反浪费工作的依据，也取得了实质性的成效。"光盘行动"和《粮食节约行动方案》营造了反食品浪费的良好氛围，也引领了厉行节约的社会风尚。但是，反食品浪费是全社会共同的责任，依然任重道远。反食品浪费需要成为深入人心的道德和社会准则，"人们遵守法律不是由于强权，而是出于自愿；人们遵守法律不仅仅是人们生存的一种手段性方式，更应是人们生活的一种目的性需要"。① 每个社会成员必须转变生活方式和消费方式，以美德为指引、以法律为遵循，将对道德的尊崇在法律的约束下转化为具体行动。

---

①葛洪义. 法理学（第二版）[M]. 北京：中国法制出版社，2007：221.

目　录 III

第一章　反食品浪费法律的基本理论

厉行节约、反对浪费不仅是中华民族的优秀传统，更是《宪法》规定的全社会责任；不仅意味着对社会劳动的尊重，更关系到人类的生存与发展、环境资源的可持续利用。食品浪费及其引发的粮食安全问题和资源环境问题，已经受到国际国内的高度关注并付诸反食品浪费的实际行动。因此，必须"倡导简约适度、绿色低碳的生活方式，反对奢侈浪费和不合理消费"，① 而反食品浪费及其法律制度则成为绿色生产和消费的重要内容。

第一节　"食品"与"食品浪费"概念的法律厘定

"当一个民族具有良好的道德风尚时，法律就会变得简单化。"② 但是，如果食品浪费还普遍且严重，而反食品浪费的道德约束尚不足以实现对食品的有效节约，反食品浪费的法律就必须明确其调整对象和规制范围。"人类在认识事物的过程中，把所感知的事物的共同本质特点抽

---

① 习近平在《决胜全面建成小康社会 夺取新时代中国特色社会主义伟大胜利——在中国共产党第十九次全国代表大会》上的讲话，2017 年 10 月 18 日。

② 〔法〕孟德斯鸠. 论法的精神 ［M］. 申林，编译，北京：北京出版社，2007：155.

象出来，从感性认识上升到理性认识，进而形成概念"，[1] 但是，由于学科差异甚至语言表达的不同，"食品"和"食物"的关系应当厘清，"食品浪费"的概念也应当予以明确。

一、"食品"的法律界定

在自然学科意义上，与"食品"最相近的一个概念是"食物"。"食物"侧重于从自然属性的角度强调构成和自然功能，即指"通常由碳水化合物、脂肪、蛋白质、空气和水构成，能够借进食或饮用，为人类或者生物提供营养或愉悦的物质"，"来源可以是植物、动物或者其他界的生物"。[2] 因此，食物可以为人类食用，也可以为其他生物食用，"与食物对应的需求更加宽泛，既包括人类社会的需要，也包括与人类社会相关的动物和植物等生物对延续生命、保障安全的需求"。[3] 而"食品"则侧重于从人类的角度强调其"产品"属性，即"经过加工、制作，用于销售"。从可食用性的角度，"食品"可以理解为经过加工、制作，进入流通领域并基于质量和安全的考量而接受监管的"食物"。因此，适用于"食品工业生产、科研、教学及其他有关领域"的中华人民共和国国家标准《食品工业基本术语》（GB15091-95）规定"食品"为"可供人类食用或者饮用的物质，其中包括加工的食品、半成品以及未加工的食品，不包括烟草或者药品"。

但是，从法律上界定"食品"并非易事，毕竟全国各地的生活习俗存在差异，饮食禁忌各有不同。因此，有立法上直接界定其内涵的，比如美国联邦《食品药品与化妆品法案》（Food, Drug and Cosmetic Act, 1938 年）界定"食品"为"人或动物食用或饮用的物质及构成以上物

---

①张明楷. 刑法学中的概念使用与创制 [J]. 法商研究, 2021 (1).
②楼秀余. 纯天然食物与人类健康安全 [J]. 科技传播, 2013 (1).
③孙佑海.《反食品浪费法》：统筹推进制止餐饮浪费的制度建设 [J]. 环境保护, 2021 (10).

质的材料，包括口香糖"，欧盟《食品法通则》（General Food Law）界定"食品"为"经过整体或局部的加工或未加工，能够作为或可能预期被人作为可摄取"的任何物质或者产品；有通过排除的方式界定的，比如日本《食品安全基本法》规定"食品"为"除《药师法》规定的药品、准药品以外的所有饮食物"；也有既界定内涵又强调其与药品、化妆品以及烟草的区别，比较典型者为国际食品法典委员会（Codex Alimentarius Commission）界定"食品"为"用于人类食用或者饮用的经过加工、半加工或者未经过加工的物质，并包括饮料、口香糖以及用于制造、制备或处理食品的物质，但是不包括化妆品、烟草或者只作为药品使用的物质"。在我国，中医药学传统及实践遵循"食药同源"的原则，食品与药品可能发生交集，但是药品毕竟是"用于预防、治疗、诊断人的疾病，有目的地调节人的生理机能并规定有适应症或者功能主治、用法和用量的物质，包括中药、化学药和生物制品等"。① 因此我国《食品卫生法》曾经将"食品"定义为"各种供人食用或者饮用的成品和原料以及按照传统既是食品又是药品的物品，但是不包括以治疗为目的的物品"。② 嗣后的《食品安全法》进一步考虑了中医药领域的医食同源，将"食品"界定为"各种供人食用或者饮用的成品和原料以及按照传统既是食品又是中药材的物品，但是不包括以治疗为目的的物品"。③

在《反食品浪费法》的立法过程中，"是采用'食品'的概念，还是采用'食物'的概念，在起草和审议阶段是一个争议热点"。④ 经过反复推敲，考虑到与《食品安全法》的衔接，《反食品浪费法》对"食

---

① 《药品管理法》（2019 年修订）第 2 条第 2 款。
② 《食品卫生法》（已废止）第 54 条。
③ 《食品安全法》第 150 条。
④ 孙佑海.《反食品浪费法》：统筹推进制止餐饮浪费的制度建设 [J]. 环境保护，2021（10）.

品"的定义为"本法所称食品，是指《中华人民共和国食品安全法》规定的食品，包括各种供人食用或者饮用的食物"。[①] 但同时，为了与实际需要相适应，《反食品浪费法》对"食品"明确了"本法所称食品""包括各种供人食用或者饮用的食物"，从而在法律适用范围上排除了动物和其他生物所需要的食物。

二、"食品浪费"的法律界定

由于第三次科技革命[②]的影响，人类社会在极短的时间内积聚了前所未有的大量社会财富和资产，从而在推进经济、政治、文化和社会发展的同时，也丰富甚至改变了人类的思维方式、生活方式乃至消费方式。在相当程度上，人类社会的经济结构日渐由以生产为主转向以消费为主。

工业革命推动商品经济不断发展、科技的不断进步使新的消费领域得到开拓，人类物质文明得到了空前的发展。但是，人们对物质的需求越来越大，甚至奢侈的消费模式也获得了不断发展，人类生存和发展所依赖的环境不断被开发并因此遭到严重的危机，进而威胁到人类的发展与生存。因此，"富足之日就是恶果来临之时"，[③] 消费时代的来临，消费与浪费注定成为时代的命题。尽管消费与浪费具有内在的关联并在理论上有分歧，但是，"消费是人类根据自身需要和可能与外部自然进行

---

①《反食品浪费法》第2条第1款。

②第一次科技革命始于18世纪后期，系以蒸汽机的发明和广泛应用为主要标志和以纺织工业、冶金工业、机械工业、造船工业大发展为主要内容的工业革命，并因此使人类从手工工艺时代跃进到机器工业时代。第二次科技革命始于19世纪末，以电的发明和广泛应用为标志，电力工业、化学工业以及电报、电话等的迅速发展，使人类跨入一个新的时代，实现了向现代社会的转变。第三次科技革命始于20世纪中期，到70年代中后期进入了一个新的阶段，以原子能、计算机，特别是微电子技术、生物工程技术和空间技术为主要标志。第三次科技革命是人类历史上规模最大和最深刻的一次科技革命。

③〔美〕芭芭拉·沃德，勒内·杜博斯. 只有一个地球 [M].《国外公害丛书》编委会，译校，长春：吉林人民出版社，1997：12.

物质变换，实现生存、享受、发展的过程"，而"浪费是指人们脱离自身的实际需要，对稀缺性资源效用的滥用或废弃，也就是指人力、物力、财力、时间等用得不当或没有节制"，① 从而呈现出本质的不同。

　　就我国目前的经济社会发展以及未来的长治久安而言，增加居民收入和提高国民消费水平，从而充分发挥消费对经济增长的基础性作用，实现消费需求不断释放以推动经济发展迈上更高台阶的任务依然非常艰巨。为了奠定经济更快更好发展的物质基础和社会风尚，"厉行节约，反对浪费"必须一以贯之，因此，通过法律反对以及惩治浪费就成为重要的内容。为实现反食品浪费的法治化，我国开启了《反食品浪费法》的制定，也就必然涉及"食品浪费"的立法界定。在首次提请全国人大常委会审议时，《反食品浪费法（草案）》规定"本法所称食品浪费，是指对可安全食用或者饮用的食品未能按照其功能目的利用"。② 因为"有些常委委员、代表、部门、地方、专家和社会公众提出，上述定义比较原则，建议表述得更具体一些，也要有利于引导理性消费"。③《反食品浪费法》规定"食品浪费"是"指对可安全食用或者饮用的食品未能按照其功能目的合理利用，包括废弃、因不合理利用导致食品数量减少或者质量下降等"。相对于草案中的表述，《反食品浪费法》对"食品浪费"的界定更加具体准确，符合防止食品浪费以及节约资源的立法目的，也有利于引导食品生产经营者避免食品浪费，推动消费者理性消费，奠定反食品浪费立法及施行的根基。

---

　　① 黄铁苗. 论节约、消费和浪费 [J]. 学术研究，2009 (8).

　　② 许安标. 2020 年 12 月 22 日在第十三届全国人民代表大会常务委员会第二十四次会议上关于《中华人民共和国反食品浪费法（草案）》的说明 [J]. 中华人民共和国全国人民代表大会常务委员会公报，2021 (4).

　　③ 周光权. 2021 年 4 月 26 日在第十三届全国人民代表大会常务委员会第二十八次会议上关于《中华人民共和国反食品浪费法（草案）》审议结果的报告 [J]. 中华人民共和国全国人民代表大会常务委员会公报，2021 (4).

第二节　反食品浪费法律的绿色消费指引

为了应对人类社会发展与环境资源的冲突从而实现生态可持续发展，"绿色消费"应时而出并获得广泛的认同和实践。对我国来说，"在当前环境治理模式已从单维管制转向多元共治的背景下，如何在环境共治模式内建构绿色消费法律制度，将成为今后中国消费问题治理必须面对的重要议题"，而"绿色消费理念突破了狭隘消费主义的伦理观，将绿色发展观念贯穿于消费全过程，已然成为治理消费问题的重要指导理念"，[①] 更成为治理浪费问题的重要指引。同时，完善反食品浪费的制度建设并保障其有效施行，从而实现"生态文明建设同每个人息息相关，每个人都应该做践行者、推动者"，"推动形成节约适度、绿色低碳、文明健康的生活方式和消费模式"，"在全社会牢固树立生态文明理念，形成全社会共同参与的良好风尚"。[②] 因此，绿色消费奠定了生态文明法治的现实基础，而反食品浪费法律则为生态文明法治建立了制度保障。

"绿色"通常包括生命、节能、环保，也就"意味着环保、无公害、健康"。[③] 绿色消费本质就是可持续消费[④]，即既能满足当代人的消费发

---

① 袁文全，王志鑫.环境共治模式下绿色消费法律制度的规范建构［J］.中国人口·资源与环境，2022（8）.

② 习近平2017年5月26日在十八届中央政治局第四十一次集体学习时的讲话.

③ 岳小花.绿色消费法律体系的构建与完善［J］.中州学刊，2018（7）.

④ 1994年，联合国环境规划署发布《可持续消费的政策因素》报告，将可持续消费（sustainable consumption）定义为"提供服务及相关产品以满足人类的基本需求，提高生活质量，同时是自然资源和有毒材料的使用量减少，使服务或产品的生命周期中所产生的废物和污染物最少，从而不危及后代的需求"。

展需要，又不对后代人满足其消费发展需要的能力产生消极影响或者构成威胁的消费，体现出"发展性"和"可持续性"的双赢。[①] 1988 年，英国学者约翰·埃里克顿（John Elkinqton）和茱莉亚·哈里斯（Julia Hailes）在《绿色消费者指南》（Green Consumer Guide）一书中提出了"消费者在选择和购买产品时的绿色准则"。[②] 因此，相比较而言，传统消费模式坚持人类中心主义，以"人战胜自然"为伦理基础，并主张人为了追求消费可以无视资源的有限性，从而导致人与自然处于敌对的地位并发生严重破坏生态平衡的后果。绿色消费则批判以牺牲环境为前提的人类中心主义，承认自然界的内在价值，突出保护生态环境，提倡人类与自然协调发展的理念，实现经济和环境共同发展，以期建构非人类中心主义的消费观。

"全球范围内资源节约和环境保护措施已逐步从注重生产环节利用效率的提高以及消费端环境污染的治理，转变为以预防为主，从生产到消费全过程的控制。从生活端转变消费方式，再通过市场引导至生产环节，是实现资源合理利用和促进环境保护的有效手段"，因此，"在消费过程中，不管是对何种类别消费品的消费，都应选择既不危害环境又不损害后代福利的理性消费方式"。[③] 作为人类在消费得到满足并不断增长与环境资源保护的双重要求下的生态抉择，绿色消费是人类所追求的全新消费理念，表达出人类应对生态环境问题而不断提升的文明程度和伦理高度。作为承载可持续发展理念的新型消费，绿色消费反映出人类在经历日益严峻的生态问题而对工业文明重新审视以及对人类社会发展的反思，从而通过改变传统的消费模式进而改善生态环境，推动人类从

---

①俞海山. 可持续消费定义评析 [J]. 浙江社会科学，2001 (5).

②许进杰. 生态消费：21 世纪人类消费发展模式的新定位 [J]. 北方论丛，2007 (6).

③刘民权，张玲玉. 中国资源节约型、环境友好型生活方式的构建 [J]. 开放时代，2019 (4).

以牺牲环境为代价换来的"黑色文明"或者"黄色文明"转变为人与自然和谐发展的"绿色文明"。绿色消费集崇尚自然、节约资源、保护生态为一体，要求在产品或服务的消费中注重环境保护和资源节约，促进资源能源的高效利用和循环使用，反对盲目消费、奢侈消费、过度消费，主张适度消费。因此，绿色消费倡导健康理性的和有所节制的消费、健康文明的生活方式，主张满足物质生活的适度性和精神生活的丰富性，既不是过度消费也不是消费动力不足，既反对抑制消费的禁欲主义，又反对无度消费的纵欲主义。

改革开放以来，面对我国消费崛起和生态环境问题日益严峻的现实矛盾，绿色消费成为我国生态文明建设的重要内容和发展方向以及建设"美丽中国"的必由之路。

1999 年，国家内贸局、国家环保局等 6 部门共同开展以"开辟绿色通道、培育绿色市场、提倡绿色消费"为主要内容的"三绿工程"。2001 年，国家经贸委、环保总局等 8 部门决定继续推进"三绿工程"并发布《关于进一步做好"三绿工程"工作的意见》。2004 年，商务部、科技部、财政部、环保总局等 11 个部委联合出台《三绿工程五年发展纲要》（商运发〔2004〕516 号）。通过"三绿工程"的推动，"绿色消费影响广泛，深入人心"，"老百姓选择购买食品的标准发生了变化"，"企业的经营理念发生了变化"，"新闻媒体高度关注，形成了推动绿色消费的良好社会舆论监督氛围"。2005 年，国务院印发《关于落实科学发展观加强环境保护的决定》（国发〔2005〕39 号）提出"大力发展循环经济"。

党的十八大以来，我国的绿色消费得到高度重视，并获得实质性的发展。党的领导指明了绿色消费的方向。党的十八大报告指出"坚持节约资源和保护环境的基本国策"。① 党的十九大报告提出"发展是解决我国一切问题的基础和关键，发展必须是科学发展，必须坚定不移贯彻创新、协调、绿色、开放、共享的发展理念"；"形成绿色发展方式和生活方式"②。党的二十大报告提出"广泛形成绿色生产生活方式，碳排放达峰后稳中有降，生态环境根本好转，美丽中国目标基本实现"，成为到 2035 年我国发展总体目标之一，要求"推动绿色发展，促进人与自然和谐共生"，为此，"推动经济社会发展绿色化、低碳化是实现高质量发展的关键环节"。③

绿色消费获得广泛的开展。2013 年，国务院印发《循环经济发展战略及近期行动计划》（国发〔2013〕5 号），明确循环经济发展的中长期目标为"循环型生产方式广泛推行，绿色消费模式普及推广，覆盖全社会的资源循环利用体系初步建立，资源产出率大幅提高，可持续发展能力显著增强"，提出在旅游业"引导低碳旅游和绿色消费"④，在零售批发业"推动绿色消费"⑤，并设置"推行绿色消费"专节，规定"树立绿色消费理念"⑥

---

①胡锦涛：《坚定不移沿着中国特色社会主义道路前进 为全面建成小康社会而奋斗——在中国共产党第十八次全国代表大会上的报告》，2012 年 11 月 8 日。

②习近平：《决胜全面建成小康社会 夺取新时代中国特色社会主义伟大胜利——在中国共产党第十九次全国代表大会上的报告》，2017 年 10 月 18 日。

③习近平：《高举中国特色社会主义伟大旗帜 为全面建设社会主义现代化国家而团结奋斗——在中国共产党第二十次全国代表大会上的报告》，2022 年 10 月 16 日。

④具体举措：大力倡导低碳旅游出行方式，在旅游景区加强生态科普宣传教育，传播绿色低碳理念，减少使用一次性用品，引导游客分类投放废弃物，自觉保护景区环境。

⑤具体举措：充分发挥零售批发业连接生产和消费环节的桥梁作用，支持零售批发业采购节能环保产品，鼓励商贸流通企业开设绿色产品销售专区、专柜等，向消费者推介绿色产品，扩大绿色产品消费，带动绿色产品生产。积极培育租赁业、旧货业发展，促进产品再利用。

⑥具体举措：推动全社会树立和践行文明、节约、绿色、低碳、循环的消费理念，引导节约消费、适度消费，反对铺张浪费。发扬勤俭节约的优良传统，摒弃讲排场、摆阔气、奢侈浪费的陋习，提高全社会节能、节水、节材、节粮意识。

"倡导绿色生活方式"[1] 以及"政府机构带头节约"。2016 年 2 月 17 日，国家发展改革委、环保部等 10 部门联合出台《关于促进绿色消费的指导意见》（发改环资〔2016〕353 号），明确"绿色消费"是指"以节约资源和保护环境为特征的消费行为，主要表现为崇尚勤俭节约，减少损失浪费，选择高效、环保的产品和服务，降低消费过程中的资源消耗和污染排放"，在"深入开展全社会反对浪费行动"方面，不仅明确要求"开展反过度消费行动"，而且专门规定"开展反食品浪费行动"。[2] 2022 年 1 月 18 日，国家发展改革委、工业和信息化部等 7 部门发布《促进绿色消费实施方案》（发改就业〔2022〕107 号）明确"绿色消费是各类消费主体在消费活动全过程贯彻绿色低碳理念的消费行为"。[3]

第三节　反食品浪费法律的实践意义

"面对行为主体的食品浪费行为，仅依靠道德教化是不够的，应当通过具有强制约束力的法律制度予以规制，推进反食品浪费立法进程。"[4] 面对严峻的食品浪费现实及其可能造成的严重后果，建立健全

---

①具体举措：鼓励消费者购买和使用节能环保产品、节能省地住宅，减少使用一次性用品。鼓励自备购物袋，禁止使用超薄塑料购物袋。强化法规标准建设，限制企业对商品进行过度包装，引导消费者抵制过度包装商品。倡导绿色、环保、简约、实用的装修理念，抵制奢华、过度装修住宅。鼓励外出就餐适度点餐、餐后打包，婚丧嫁娶等红白喜事用餐从简操办。倡导生态旅游，杜绝随意丢弃垃圾，自觉进行垃圾分类。鼓励网上购物、视频会议、无纸化办公，珍爱野生动植物。

②国家发展改革委、中宣部、科技部、财政部、环境保护部等《关于促进绿色消费的指导意见》（发改环资〔2016〕353 号）。

③国家发展改革委、工业和信息化部、住房和城乡建设部、商务部、市场监管总局、国管局、中直管理局于 2022 年 1 月 18 日发布《促进绿色消费实施方案》。

④落志筠. 反食品浪费立法的法理基础与中国路径 [J]. 重庆大学学报（社会科学版），2021（4）.

反食品浪费法律并保障其运行，不管是从法律上践行社会主义核心价值观还是应对食品浪费的现实，都意义重大。

一、践行社会主义核心价值观的法律行动

社会主义核心价值观"把涉及国家、社会、公民的要求融为一体，既体现了社会主义本质要求，继承了中华优秀传统文化，也吸收了世界文明有益成果，体现了时代精神"。① 而反食品浪费法律，本身就是对社会主义核心价值观的实践，并集中体现于国家层面的文明与和谐、社会层面的法治以及个人层面的诚信。

反食品浪费法律契合社会主义核心价值观之"文明"理念。"将文明作为社会主义核心价值观在国家层面上的价值目标，是我们党在马克思主义科学文明观的指导下，基于人类社会文明发展规律，基于中华文明深厚的历史积淀，基于中国特色社会主义建设的光辉成就，所作出的科学研判与精准定位。"② 党的十八大提出"建设生态文明，是关系人民福祉、关乎民族未来的长远大计"。③ 党的十九大报告肯定我国"生态文明建设成效显著"，提出"统筹推进经济建设、政治建设、文化建设、社会建设、生态文明建设"。④ 随着经济的发展，资源能源的过度开发和利用以及严重的环境污染威胁着人类的生存，人与自然的矛盾日益凸显。生态文明建设也因此成为人类社会 21 世纪的必然选择。我们必须"紧紧围绕建设美丽中国深化生态文明体制改革，加快建立生态文

---

①习近平. 青年要自觉践行社会主义核心价值观：在北京大学师生座谈会上的讲话 [N]. 人民日报，2014-05-05（1）.

②习近平. 牢记历史经验教训历史警示 为国家治理能力现代化提供有益借鉴 [N]. 人民日报，2014-10-14（1）.

③胡锦涛：《坚定不移沿着中国特色社会主义道路前进 为全面建成小康社会而奋斗——在中国共产党第十八次全国代表大会上的报告》，2012 年 11 月 8 日。

④习近平：《决胜全面建成小康社会 夺取新时代中国特色社会主义伟大胜利——在中国共产党第十九次全国代表大会上的报告》，2017 年 10 月 18 日。

明制度"。[①] 推进生态文明建设,必然反对食品浪费并通过法治化保障反食品浪费的顺利施行,因为对食品的浪费不仅仅是对资源的浪费,还会加剧对自然的索取,进一步恶化人与自然的关系。同时,反食品浪费还承载了社会文明。社会文明不仅可以凝聚大众精神力量并形成全体社会成员所普遍认同的价值标准和行为准则,还可以协调并推进经济文明、政治文明、生态文明等的发展。在反食品浪费及其法治化承载并实现社会文明方面,能通过提升社会意识文明,从而引导全社会反食品浪费的风尚,发扬光大"厉行节约"的优秀传统;反食品浪费及其法治化通过促进社会生活文明,培育良好的生活习惯和健康的生活方式,不仅有利于个体的发展,而且有助于社会的文明进步并惠及人类的发展;"中国人历来'以至诚为道,以至仁为德','仁者,以天地万物为一体'"。[②] 反食品浪费及其法治化可以改善社会关系文明,从而把个体从铺张浪费、好面子讲排场的社会交往中解脱出来。

反食品浪费法律承载了社会主义核心价值观之"和谐"理念。人类中心主义的立场以及利己主义倾向造成了人与自然关系恶化,经历了人对自然的无度索取进而遭遇自然的"报复",人与自然的和谐成为面向人类未来"和谐"的重要使命。但是,实现人与自然和谐涉及价值观念、思维观念以及生产方式、生活方式等多层次、多维度的转变。人与自然的和谐不是任何个人、组织或仅仅依靠政府就足以完成的,而是需要全体社会成员形成多方合力,践行文明、节约、绿色、低碳的生活方式和消费模式。反食品浪费不管是从生产方式、生活方式还是消费方式的角度而言,都必然成为其中的重要环节。为此,反食品浪费及其法治化,应明确政府的反食品浪费职责,界定食品生产经营者承担的反食品

①《中国共产党第十八届中央委员会第三次全体会议公报》,中国共产党第十八届中央委员会第三次全体会议通过,2013 年 11 月 12 日。

②习近平. 同舟共济扬帆远航共创中拉关系美好未来——在秘鲁国会演讲 [N]. 人民日报,2016-11-23 (2).

浪费义务和法律责任,建构食品领域行业协会、消费者以及所有社会成员参与反食品浪费的法治体系,从而为实现人与自然、人类与生态之间的和谐发挥应有的作用。

反食品浪费法治化本身就契合社会主义核心价值观的"法治"要求。"法治作为社会主义核心价值观是政治意识形态的组成部分,讲的是法治对人思维决策行为的支配功能。"[1] 不管是基于社会的进步、人类已经面临的环境压力,还是食品浪费,已经超越了个人行为等诸方面的考量,以法律形式对政府及其职能部门、食品生产经营者、行业协会以及个人乃至家庭的食品浪费行为加以约束以及实施必要的惩戒,其意义和作用远大于道德的说教。换言之,法治必然成为解决浪费问题并因此树立节约风尚的重要方式和基本保障。因此,反食品浪费法律,不仅承载了社会主义核心价值观,更是践行社会主义核心价值观并因此从立法到司法实现法治化的重要体现。

二、构筑应对食品浪费的法律体系

尽管食品浪费存在于诸多环节,但是,最直观意义上,人类消费最有害环境的方式是吃。[2] 因此,仅是餐饮领域消费环节的浪费,就足以管窥我国的食品浪费。改革开放以来,我国社会经济实现了快速发展,居民生活水平也不断提高,"餐饮浪费逐渐成为中国食物浪费的主阵地",[3] 餐饮浪费发生在食品的消费环节,也是中国食品供应链中浪费最多的阶段。2020 年,全国人大常委会专题调研组《关于珍惜粮食、

---

①陈金钊. 对法治作为社会主义核心价值观的诠释 [J]. 法律科学,2015 (1).

②Paul R. Ehrlich, A Personal View: Environmental Education—Its Content and Delivery, 1 J. Envtl. Stud. & Sci. 6, 8 (2011).

③董战峰,张力小,赵元浩,等. 生命周期视角下中国餐饮浪费的生态环境效应研究 [J]. 生态经济,2022 (10).

反对浪费情况的调研报告》显示，"餐饮浪费尚未得到根本遏制"。[①]

当然，除了餐饮消费领域的食品浪费外，在餐饮加工、食品生产销售等诸多环节，食品浪费依然不容忽视。简言之，我国食品浪费问题已经不得不受到高度重视，而且必将持续警惕食品浪费的发生，反食品浪费一定是艰巨而长期的任务。

食品浪费的严重后果已经超越了个体的职责范围，"不仅仅表现在生产这些餐饮食物所付出的资源、环境代价，也表现在餐饮食物在储藏、运输以及加工过程中产生的资源、环境代价，更值得重视的是浪费的食物的不同去向所导致的资源、环境以及健康等方面的问题"。[②] 我国粮食生产已经面临诸多考验，近年来通过政策、科技以及法律保障，粮食生产已经付出了巨大的努力。随着我国经济社会的发展以及城市化和工业化的推进，本就已经非常脆弱的环境、资源乃至生态系统将会面临日益增大的压力，食品生产也不得不因此面临更严峻的挑战。而付出高昂的资源环境代价和巨大的成本生产出来的粮食，在经过储藏、运输、制造、加工等诸多环节，要先承受其间必然面临的损失（比如暴雨、洪水、地震等不可抗力以及意外事故等）和可能发生的浪费，再承受从流通到消费环节的损失和浪费，环境资源的代价以及社会经济成本的损失。不仅如此，食品浪费还必然产生巨量的垃圾，其中厨余垃圾已经成为固体废物污染的重要源头。如果随意填埋处理，这些有机垃圾可能会通过土壤污染或食物链并最终危害人类的身体健康，公共安全风险也因此加剧；如果对厨余垃圾进行收集、运输以及处理，又会产生巨大的资金成本。

---

①武维华. 全国人民代表大会常务委员会专题调研组关于珍惜粮食、反对浪费情况的调研报告——2020 年 12 月 23 日在第十三届全国人民代表大会常务委员会第二十四次会议发言 [J]. 中华人民共和国全国人民代表大会常务委员会公报，2021 (1).

②成升魁，高利伟，徐增让，等. 对中国餐饮食物浪费及其资源环境效应的思考 [J]. 中国软科学，2012 (7).

我国反食品浪费由来已久，不管是道德层面的呼吁还是相关部门出台的相关文件、积极采取的反食品浪费措施，确实取得了一定的成效，但是，不管是相关学术研究还是权威部门的统计，甚至根据我们的生活感知，食品浪费问题依然尚未得到根本遏制。继法国、意大利及日本之后，"中国成为世界上第四个为反食物浪费进行立法的国家，反对食物浪费实现了由数千年的道德约束到现代法制治理的历史性转变"。①《反食品浪费法》的颁布，"可以为全社会确立餐饮消费和日常食品消费的基本行为准则"，② 标志着我国对食品浪费问题的深刻反思，并由此开启我国反食品浪费的法治道路。《反食品浪费法》的颁布及其施行，无论对于我国弘扬中华传统美德，保障国家粮食安全，还是应对我国的食品浪费问题并实现反食品浪费的法治化，意义都将重大且深远。

三、夯实粮食安全的法律保障

《国家粮食安全中长期规划纲要（2008—2020 年）》明确指出，"粮食安全始终是关系我国国民经济发展、社会稳定和国家自立的全局性重大战略问题"，但是，"我国粮食和食物安全将面临严峻挑战"。③而且，粮食浪费也非常惊人，"据估算，在消费环节，全国每年浪费食物总量折合粮食约 500 亿千克，可供养约 3.5 亿人一年的需要，相当于全国粮食总产量的 1/10"。④

在国际层面，粮食安全备受关注。在 2022 年 11 月 16 日闭幕的二十国集团领导人巴厘岛峰会上，粮食安全问题成为重要议题。习近平主

---

①成升魁，马涛，黄锡生，等.《反食品浪费法》实施的若干关键问题 [J]. 自然资源学报，2022（10）.

②孙佑海.《反食品浪费法》：统筹推进制止餐饮浪费的制度建设 [J]. 环境保护，2021（10）.

③《国家粮食安全中长期规划纲要（2008—2020 年）》，2008 年 11 月 3 日发布。

④国家统计局重庆调查总队课题组，童泽圣. 我国粮食供求及"十三五"时期趋势预测 [J]. 调研世界，2015（3）.

席在峰会上指出，"粮食、能源安全是全球发展领域最紧迫的挑战。当前危机根源不是生产和需求问题，而是供应链出了问题，国际合作受到干扰"①。在国内，粮食安全已经上升到国家安全的高度并成为国家安全的重要构成，因此受到《国家安全法》的保障，② 而反食品浪费必然成为我国粮食安全的重要内容。从2014年一号文件即中共中央、国务院《关于全面深化农村改革加快推进农业现代化的若干意见》（中发〔2014〕1号）开始，强调粮食安全并通过"立足国内、适度进口"构建中国粮食安全格局。党的十九大报告要求"确保国家粮食安全，把中国人的饭碗牢牢端在自己手中"，党的二十大报告指出"全方位夯实粮食安全根基"，明确"树立大食物观"。③

消费端巨大的食品浪费对我国粮食安全已经构成巨大威胁，而切实减少食品浪费已经成为保障我国粮食安全的现实、长期且重要的任务。

---

① 本刊编辑部. 以光盘致敬食物 全链条治理舌尖浪费 [J]. 中国食品工业，2022 (22).

② 《国家安全法》在第1条明确"维护国家安全，保卫人民民主专政的政权和中国特色社会主义制度，保护人民的根本利益，保障改革开放和社会主义现代化建设的顺利进行，实现中华民族伟大复兴"立法目的以及第2条将国家安全界定为"国家政权、主权、统一和领土完整、人民福祉、经济社会可持续发展和国家其他重大利益相对处于没有危险和不受内外威胁的状态，以及保障持续安全状态的能力"的基础上，在第22条规定，"国家健全粮食安全保障体系，保护和提高粮食综合生产能力，完善粮食储备制度、流通体系和市场调控机制，健全粮食安全预警制度，保障粮食供给和质量安全"。

③ "大食物观"，从传统粮食安全延展，"就是放眼整个国土资源，立足人的全生命周期需求，依靠现代科技驱动，全方位开发耕地、森林、海洋资源，拓宽动物、植物、微生物来源，增加各类产品有效供给，实现不同食物供求平衡"。参见钟钰，崔奇峰. 从粮食安全到大食物观：困境与路径选择 [J]. 理论学刊，2022 (6). 从发展演进看，2015年，中央农村工作会议首次明确要树立大农业、大食物观念。2016年，中央1号文件指出树立大食物观，面向整个国土资源，全方位、多途径开发食物资源，满足日益多元化的食物消费需求。2017年，习近平总书记在中央农村工作会议上指出："食物需求更加多样化了，这就要求我们转变观念，树立大农业观、大食物观，向耕地草原森林海洋、向植物动物微生物要热量、要蛋白，全方位多途径开发食物资源。"2022年3月全国两会期间，习近平总书记在全国政协农业界、社会福利和社会保障界委员联组会上强调指出，"要树立大食物观，从更好满足人民美好生活需要出发，掌握人民群众食物结构变化趋势"，"要在保护好生态环境的前提下，从耕地资源向整个国土资源拓展"。

因为"当前条件下，反对浪费，寻求节约粮食与食物的'节流'方式是一种较为恰当的选择，在保持当前粮食生产水平的同时减少食物浪费，既不增加资源环境压力，又能够满足人类的粮食需求，维护国家粮食安全"。[①]"立法遏制餐饮浪费，需要让法律'长出牙齿'"，[②] 只有这样，粮食安全才可以构筑食品安全的基础，且粮食安全本身就是食品安全的重要组成部分，因此，反食品浪费法律将为我国粮食安全进而维护食品安全提供制度上的保障。

_____

[①]落志筠，反食品浪费立法的法理基础与中国路径 [J]. 重庆大学学报（社会科学版），2021（4）.

[②]汪洋. 以刚性制度遏制餐饮浪费 [J]. 中国人大，2020（18）.

第二章 反食品浪费的域外代表性行动

在国际社会，食品浪费普遍存在甚至非常严重，并引起了国际组织和各国的关注。"为保障粮食安全、保护资源环境、促进减贫发展等多重目标的实现，减少粮食损耗和反对食物浪费成为近年来国际研究的热点"，① 并且已有国际组织和众多国家付诸行动。国际组织的公约或者倡议需要各国落实，而各国在践行反食品浪费的进程中，不断开拓反食品浪费的方式并通过系统化的制度保障，提升了反食品浪费的成效。同时，"借鉴与移植既有经验固然无可厚非，在比较和借鉴中发展，也是大多数现代法治国家的普遍选择"，② 这说明域外对食品浪费的应对可以为我国提供有益的经验。

第一节 反食品浪费的国际组织推动

据联合国粮食及农业组织（the Food and Agriculture Organization）估计，全球人类粮食产量的 1/3 是损失或浪费的。2013 年 6 月的世界

---

①杨东霞，韩洁，王俏，等. 减少粮食损耗和反对食物浪费的国际经验及对中国的启示［J］. 世界农业，2021（6）.

②左卫民. 刑事诉讼中的"人"：一种主体性研究［J］. 中国法学，2021（5）.

环境日，罗马教皇方济各（Pope Francis）在圣彼得广场发表演讲时，专门提到浪费问题，并指出"浪费文化使我们甚至对食物的浪费和处理都不敏感，而在全世界，不幸的是许多个人和家庭正遭受着饥饿和营养不良之苦……浪费食物无异于从穷人和饥饿者的餐桌上偷东西，更加卑鄙"。[1] 然而，食品浪费不仅是一个道德话题，更是一个具有重要法律意义的话题，特别是在全球化的现在。

一、国际粮食安全领域对浪费的关注

1996年，世界粮食首脑会议《罗马宣言》（the Rome Declaration at the World Food Summit）提出"保证有政治意愿，并作出共同承诺和各国承诺，实现人人享有粮食安全，并不断努力消除各国的饥饿，近期目标是在2015年之前将营养不良的人数减少到目前人数的一半"，各国"必须增加包括主粮在内的粮食生产。增加生产应在持续管理自然资源，消除，尤其是在工业化国家消除非持续性的消费和生产方式以及尽早稳定世界人口的范畴内进行"。[2] 其中"消除非持续性的消费"就包括浪费。为落实《罗马宣言》，世界粮食首脑会议发布《世界粮食首脑会议行动计划》（World Food Summit Plan of Action），此计划提出减少浪费，"开发和促进先进的粮食加工、保存和储藏技术，减少收获后粮食损失，特别是在当地一级减少收获后粮食损失"[3]，"通过大众参与方式进行可持续的集约化、多样化粮食生产，提高生产率、效率和安全、病虫害防治，并减少浪费和损失"。[4]

2013年10月，为协调最近改革的粮食安全委员会与利益攸关方之

①Joe Phelan, Pope Declares that Wasting Food is Akin to Stealing from the Poor, Chartered Inst. Waste Mgmt. Journal Online (June 29, 2013), http: // www. ciwm-journal. co. uk/archives/1609.
②《罗马宣言》。
③《世界粮食首脑会议行动计划》目标2.3（d）。
④《世界粮食首脑会议行动计划》目标3.1。

间的关系，粮食安全委员会起草了不具约束力的《全球粮食安全和营养战略框架》（Global Strategic Framework for Food Security and Nutrition)，其中，食物浪费被认定为导致慢性饥饿的原因。粮食安全委员会指出，各国"需要通过投资改善农村基础设施，包括通讯、交通、储存、能源效率和整个价值链的废物回收等，减少大规模的收获后损失和食品浪费；并且减少消费者食品的浪费"。[①] 基于对粮食问题的持续关注，浪费问题也逐渐受到更多的关注。2014 年，粮食安全委员会发布的《可持续粮食系统背景下粮食损失与浪费》提出"通过政策和激励机制营造有利环境以减少粮食损失和浪费"，"鼓励所有利益相关者优化利用资源，减少粮食损失和浪费，寻求餐厨垃圾分类及减少需填埋垃圾的解决方案"。[②] 2019 年，粮农组织大会通过关于加强可持续生产和消费模式的要求后，第 74/209 号决议将每年 9 月 29 日定为"国际粮食损失和浪费问题宣传日"。

二、粮食浪费的专门关注

2021 年 9 月 9—11 日，由中国首倡的"国际粮食减损大会"在山东济南召开，来自世界上 50 多个国家、国际组织的代表以及企业、非政府组织的代表出席，围绕"减少粮食损失浪费，促进世界粮食安全"主题进行深入交流。大会根据"2020 年全球共有 7.2 亿到 8.11 亿人口面临饥饿威胁，全球近 1/3 人口无法获得充足的食物与营养，同时全球近 1/3 的食物被损失或浪费，为世界敲响了警钟"，认为"减少食物损失和浪费是提高粮食安全的重要手段和紧迫的全球性命题"，并发布《国际粮食减损大会济南倡议》，主要包括"大力倡导减损理念，凝聚全

---

①《全球粮食安全和营养战略框架》2.02f)。
②世界粮食安全委员会粮食安全和营养高级别组专家报告：《可持续粮食系统背景下粮食损失与浪费》，2014 年。

球广泛共识"，"加强基础设施建设，更好应对气候变化"，"倡导可持续生产方式，实现生产过程减损"，"挖掘无形良田潜力，降低产后损失"，"引导社会公众参与，推行可持续消费模式"，"加强科技研发投入，创新节粮减损举措"，"推动政策体系构建，深化减损系统治理"，"推动重点群体融入，增强粮食系统包容性"，"凝聚全球智慧力量，共创零饥饿世界"。① "国际粮食减损大会"对浪费问题予以高度关注，"倡导更多国家和地区落实减少食物损失和浪费的法规，制定相关政策，设定合理的减损目标和行动方案，并视情况出台促进减少粮食损失和浪费的法律。加强国际协作与配合，对减少食物损失与浪费加强支持；开展全面、综合的粮食减损基础数据采集、分析和共享，为全面、系统减损治理提供科学支撑和决策依据"。② "中国首倡召开的国际粮食减损大会，以及由此推动的粮食减损全球共同行动，无疑为世界各国提供了超越发展阶段、价值观和意识形态的合作契机，在全球疫情蔓延、经济复苏缓慢、地缘冲突加剧的形势下尤为难能可贵，是人类命运共同体理念的又一次生动诠释"。③

第二节　反食品浪费的美国行动

"美国是全球第二大的粮食生产国和全球最大的粮食出口国，同时也是全球浪费食物最多的国家。"④ 为应对食品浪费，美国从联邦、州

①国际粮食减损大会济南倡议［N］.粮油市场报，2021-9-14（A01）.
②《国际粮食减损大会济南倡议》之7"推动政策体系构建，深化减损系统治理"。
③焦点，吴薇，刘博.合作促节粮 减损助安全——国际粮食减损大会会议综述［J］.世界农业，2021（10）.
④申宇哲，牛坤玉，宋蕊，等.反食物浪费政策如何落地：国际经验与本土实践［J］.中国农业资源与区划，2022（1）.

到地方政府都采取了积极的行动，不仅不断拓展反食品浪费的方式，而且建立起从联邦、州到地方的相关制度体系。

一、美国反食品浪费的必然

在美国，食品浪费被界定为"供人类食用的食物材料，在食用前被丢弃"，并已经成为严重危害自然环境的全国性问题。[①] 从生产到餐桌再到垃圾填埋，估计每年有40%的食品被消费者、企业、生产商等浪费。美国每年产生6300万吨食品垃圾，浪费的最主要环节在于供应链末端，约40%产生于面向消费者的企业，即超市和餐馆，43%直接由消费者产生，制造业和加工业占浪费总量的2%，农业占浪费总量的16%。在消费者层面上，每年生产的供人类食用的食品中有近26%是损失或浪费的，每人每年大致产生102～131千克的食物浪费。大多数消费者级废物是由于处理和储存不当、分量过大、食品外观、消费者口味以及日期标签不准确或混淆造成的。[②]

食品浪费导致自然资源（比如土地、水）以及商品（比如农药、化肥）的巨大损失。在美国，大约3000万英亩的农田上种植着被浪费的食品，用于种植水果的耕地占浪费土地的比例最大（60%），其次是蔬菜（56%）。每年有15.9万亿升的灌溉水要处理用于种植未被食用和浪费的粮食的农田，每年使用3.5亿千克农药和8.2亿千克氮肥来种植未被使用和未被食用的食物。此外，食品浪费是加剧全球温室气体排放量的重要原因，而温室气体排放对地球的变暖有重要影响。甲烷是"人类造成的温室气体效应的第二大生产者"，仅次于二氧化碳，美国约16%

[①] Amy O'Brien, Why we dump (not so) spoiled milk: a discussion of American' food waste problem and a call for federal action. 42-SPG Environs Envtl. L. & Pol'y J. 191, (2019).

[②] Bonnie L. Smith, Heat Up Those Leftovers, Not the Planet: How Combatting Food Waste Can Affect Climate Change, 18 Vermont J. Envtl. L. 648, 652 (2017).

的甲烷排放归因于来自垃圾填埋场对有机食品垃圾的分解,[1] 塑料、铝、纸和其他食品包装材料堆积在垃圾场也造成严重影响。化石燃料、牲畜饲养和稻田也是甲烷的最大贡献者。最终被浪费的食品的生产、冷藏和运输增加了碳足迹和温室气体排放,交通运输约占食品系统温室气体排放的 11%。此外,用于制冷的能源是食品生产阶段产生的温室气体排放的主要来源。[2]

被浪费的食品的生长、生产、运输和处置导致了巨大的经济损失。2018 年的一项经济分析得出结论,美国在浪费食品上的支出为 2180 亿美元,相当于年 GDP 的 1%~3%,4200 万美国人生活在粮食不安全的家庭中,这意味着许多美国家庭和个人不知道下一顿饭来自哪里。在全球范围内,近 10 亿人营养不良,每天还有 10 亿人挨饿。具有讽刺意味的是,"每年浪费的食物足以让近 20 亿人每天摄入 2100 千卡的食物"[3]。州、地方和联邦政府都试图通过鼓励消费者和废物产生者捐赠多余或未使用的食物而不是将其送往垃圾填埋场来弥补这一巨大的鸿沟。

州、地方和联邦各级应对食品浪费问题的主要措施包括预防、回收和循环利用。预防对策包括食品标签政策和立法,旨在降低过早处置可以安全消费的食品比例;回收的法律和政策包括责任保护和税收激励措施,鼓励将多余的食品重新分配给有需要的群体和个人;责任保护通常保护善意的食物捐赠者免受捐赠造成的任何潜在伤害或损害,而税收激励则提供金钱诱惑,鼓励废物产生者将多余的食物捐赠给慈善机构和非营利组织;循环利用包括有机废物处理禁令和堆肥要求。迄今为止,州和地方层面的绝大多数食物垃圾立法和政策都集中于回收有机食物垃

---

①Sarah J. Morath, Regulating Food Waste, 48 Texas Envtl. L. J. 239, 248 (2018).

②Krishna Ramanujan, Methane's Impacts on Climate Change May Be Twice Previous Estimates, NASA July, 18 (2005).

③Daniele Fattibene and Margherita Bianchi, Fighting Against Food Losses and Waste: An EU Agenda, Istituto Affari Internazionali, 17/25, 3 (June 2017).

圾，试图转移垃圾，避免垃圾堆积在垃圾填埋场释放对环境有害的温室气体。

二、美国反食品浪费方式之预防

日期标签目前在州一级受到监管，因为没有具有约束力或统一的联邦政策或立法，很少有地方法规或条例涉及该问题。一直以来，关于食品保质期等信息的标签术语都由生产商决定，因此，不正确和不一致的日期标签容易导致消费者产生混淆和误解，并经常以此处置尚可安全食用的食品和饮料。关于日期标签的使用，没有任何明确的定义，如果通过修改和颁布日期标签政策，估计每年可防止39.8万吨食品浪费。

在联邦层面，目前还没有联邦法律统一规定食品和饮料的标签。缺乏行动并不是因为对这一国家、环境和人类健康问题缺乏认识。2016年5月，康涅狄格州参议员理查德·布鲁门塔尔（Richard Blumenthal）和缅因州众议员切莉·平格里（Chellie Pingree）向参议院和众议院提交了《食品日期标签法》，旨在"确立食品标签中有关质量日期和安全日期的要求"，将"质量日期"（quality date）、"即食产品"（ready-to-eat product）和"安全日期"（safety date）定义为在全国日期标签中使用的国家标准。此外，还建议取消任何州对超过其"质量日期"的食品销售或捐赠的禁令。该法案已提交给国会能源和商业委员会。在《标签法》出台后，美国农业部（USDA）食品安全和检验局（FSIS）发布了关于鸡蛋、肉类和乳制品日期标签的机构指南。该指南旨在"向消费者提供他们购买的食品的最新标签信息"，建议普遍使用"最佳食用期"（best if used by）一词。该术语的选择是基于"研究表明，消费者很容易将该短语理解为质量而非安全的指标"，"尽管对寻求修改标签的制造商和零售商具有说服力和潜在帮助，但本指南并未提供消除广泛消费者混淆和各州差异的约束性授权。"[①] 美国在 2019 年推出《食品日期标注法案》(Food Date Labeling Act of 2019)，根据该法案要求，食物必须贴上不同的保质期标签，严格区分"最佳食用期限"(best if used by) 和"保质期"(use by)，从而使得消费者减少浪费可安全食用的食物。美国食品药品管理局要求各个公司使用"最佳食用期限"(best if used by) 对过期日期进行标准化管理，以减少食物浪费。[②] 2020 年 12 月 17 日，美国农业部、环保署与食药管理局共同"续签了减少食物损失和浪费的协议"。[③] 该协议旨在进一步加强协作，共同致力于减少粮食减损和食物浪费工作。

在州的层面，最大的标签混淆在于州法律之间的差异和不一致。在 50 个州之间，规定某些产品标签要求的立法或缺乏立法差异很大，这使得生产商、销售商和消费者极难遵守、理解和解释这些法律。用来证明这种普遍混乱的一个主要例子是围绕牛奶标签制定的州法律。许多州（如纽约州、得克萨斯州和威斯康星州）对乳制品或奶制品的日期标签没有要求，而蒙大拿州和宾夕法尼亚州严格要求牛奶必须分别标明在巴氏杀菌后 12 天和 17 天内的"截止日期"。更令人困惑的是，一些州禁止牛奶在"截止日期"之后销售，而另一些州则没有，这种混淆不仅限于牛奶和奶制品的标签。纽约州、田纳西州、密苏里州、内布拉斯加州、南达科他州、犹他州和爱达荷州没有任何日期标签法律或法规。与此同时，在马萨诸塞州，所有易腐和半易腐食品上都有"最佳使用期"

①USDA Revises Guidance on Date Labeling to Reduce Food Waste，U. S. Dep't of Ag.（Dec. 14，2016），https：//www. fsis. usda. gov/wps/portal/fsis/newsroom/news — releases— statements — and — transcripts/news — release — archives — by — year/archive/2016/nr-121416-01.

②良心不会痛么？一场世界级粮食节约"保卫战"，外媒居然在中国背后插刀！[N].中国日报，2020-09-19.

③杨东霞，韩洁，王俏，等.减少粮食损耗和反对食物浪费的国际经验及对中国的启示[J].世界农业，2021（6）.

(best if used by) 等日期标签，而新罕布什尔州则要求预包装三明治的日期标签，并禁止过期后销售。另外，鸡蛋和贝类标签在各州都受到严格监管。如果没有任何特定产品的日期标签要求，是否以及如何为产品贴标签由生产商自行决定。为了消除消费者对日期标签的误解，近年来，一些州主动采取了行动，鼓励和促进这一领域的一致性。例如加利福尼亚州通过了法案 AB 954，要求其农业部门"发布信息，鼓励负责食品标签的食品制造商、加工商和零售商自愿在食品标签上使用统一的术语，以传达质量日期和安全日期"，并要求农业部促进这些术语的一致使用，"然而，在州一级仍然存在广泛的混乱管理，导致过早处理食物、食物浪费问题"。

在美国的地方层面，很少有地方政府和城市采取行动澄清日期标签要求，并使地方法规与州法律一致。2010 年，纽约市卫生和心理卫生部废除了该市对牛奶的日期标签要求，这与纽约州没有任何要求一致。纽约市先前的法令规定保质期为 9 天，比巴氏杀菌牛奶的典型保质期 14 天至 28 天要短得多。相反，巴尔的摩市禁止销售过期的易腐食品，而马里兰州只要求牛奶有日期标签。① 然而，纽约市和巴尔的摩市被证明是食品浪费预防措施中的异类，因为绝大多数美国城市没有采取违反或符合现行州标签法的可用行动。

三、美国反食品浪费方式之回收

应对食品浪费问题的回收举措包括向食品捐助者提供责任保护和税收激励，前者可以豁免相关食品捐赠者的法律责任，后者则可以进一步激励食品捐赠，毕竟"从公共财政的角度说，税收是我们支付给文明的对价；从个人财富的角度说，税法具有财富再分配的功能"，"通过税收法律改变人们的消费方式，既可以促进经济的繁荣、增加公共的财力，

①Jane Black，Use by. Sell by. Doesn't help us get by，Wash. Post（Sept. 17，2013）.

又可以改变不理性的消费习惯、避免奢侈浪费"。^① 这些努力的目的是
鼓励和帮助向非营利组织和慈善组织捐赠食物，作为在垃圾填埋场处理
多余食品或将食品浪费转移到循环利用的替代方案。

在美国的联邦，以《善良的撒玛利亚人法》 （Good Samaritan
Laws）^② 为基础，"美国立法将该法律精神延伸至食品捐赠行为"，"为
了鼓励企业和个人将剩余的尚可食用的食品捐赠给有需要的人"，^③《比
尔·爱默生慈善食品捐赠法案》（Bill Emerson Good Samaritan Food
Donation Act）于 1996 年通过，该法限制了善意捐赠或接受捐赠食品
的个人和非营利组织的责任。为了根据《比尔·爱默生慈善食品捐赠法
案》获得责任免除，捐赠食品必须符合所有联邦、州和地方的质量和标
签要求。此外，这些联邦保护仅适用于向非营利组织捐赠。因此，《比
尔·爱默生慈善食品捐赠法案》不包括对贫困个人的捐赠。为了扩大和
修改《比尔·爱默生慈善食品捐赠法案》提供的责任保护，四位国会议
员推出了《2017 年食品捐赠法案》，并扩大对贴错标签食品的保护，只
要贴错的标签不会引起公众对食品安全的担忧。如果通过，《比尔·爱
默生慈善食品捐赠法案》将要求美国农业部根据《比尔·爱默生慈善食
品捐赠法案》发布有关安全标签标准的指导意见，并提高对食品捐赠责
任保护的认识。为了鼓励食品捐赠，联邦政府为食品捐赠提供税收减免
政策，这些努力已被证明是成功的。从历史上看，只有 C 公司（C－
corporation）可以通过慈善捐款（包括食品捐赠）获得更多的税收减

①徐爱国."浪费"的法律惩戒与约束［J］.武汉大学学报（哲学社会科学版），2015
（4）.
②美国《善良的撒玛利亚人法》规定在紧急状态下，施救者因为其善意的无偿救助
行为，给被救助者造成某种损害时可以免除责任.
③万为众.论中国规制食品浪费立法路径的选择［J］.理论与现代化，2020（6）.

免。然而，在 2005 年，在飓风卡特里娜①之后，为帮助灾民渡过难关，联邦政府通过《卡特里娜紧急税收减免法案》，暂时扩大了对所有企业的税收减免。在《卡特里娜紧急税收减免法案》颁布后的一年中，食品捐赠增长了 137%。截至 2015 年 12 月，增值税扣除额已适用于所有企业。为获得食品捐赠的强化税收减免，企业必须满足以下要求：捐赠组织必须向符合《美国国内税收法典》（Internal Revenue Code）第 501（c）（3）条的非营利组织捐赠食物，这些非营利组织仅将食物用于照顾病人、有需要的人或婴儿；接受组织必须以符合该组织豁免 501（c）（3）状态的目的的方式使用捐赠食品；接受组织不得使用或转移食品"以换取金钱、其他财产或服务"。然而，《比尔·爱默生慈善食品捐赠法案》不包括直接捐赠给有需要的个人的食物，不包括分发未食用食物的宝贵途径。此外，与运送和储存捐赠食品相关的物流对于小规模企业来说往往过于昂贵。②

对于美国的州而言，《比尔·爱默生慈善食品捐赠法案》"旨在保障分布在各州的食物捐赠者及分发捐赠食物的非营利机构，无须承担相关法律责任；但是，除了具体法律条文的问题以外，美国国会从未指派任何联邦机构执行该法令。相反，美国的一些州制定了更为完善的食物捐赠法律规则"，③许多州已通过立法为食品捐赠者提供州范围内的责任保护和税收优惠。这些责任法扩展了《比尔·爱默生慈善食品捐赠法

---

①飓风卡特里娜（Hurricane Katrina）是 2005 年 8 月出现的一个五级飓风，在美国新奥尔良造成了严重破坏。2005 年 8 月 25 日，飓风在美国佛罗里达州登陆，8 月 29 日破晓时分，再次以每小时 233 公里的风速在美国墨西哥湾沿岸新奥尔良外海岸登陆。

②Geoff Williams, Starbucks Finally Starts to Donate All of its Unsold Food. But Donating isn't as Easy as it Seems, Forbes, Apr. 28, 2016, https：//www. forbes. com/ sites/geoffwilliams/2016/04/28/starbucks—finally—starts—to—donate—all—of—its— unsold—food—but—donating—isnt—as—easy—as—it—seems/#3821b1593b83.

③黄锡生，饶能. 食物节约立法的域外考察及其借鉴 [J]. 重庆大学学报（社会科学版），2021（4）.

案》，为善意捐赠者提供了更多的保护。例如，虽然大多数州的责任保护法律只保护食品回收组织的捐赠者，但新罕布什尔州将责任保护扩大到对"有需要的个人或真正的慈善或非营利组织"的捐赠。俄勒冈州和内华达州等扩大了责任保护，无论捐赠的食品是否符合联邦、州以及当地质量和标签要求。这些规定允许捐赠任何适合人类食用的食品，包括"由于外观、新鲜度、等级、剩余量或其他因素而不易出售的食物"。

为了进一步鼓励食品捐赠，一些州对不太主流的食品加工商和生产者（如当地农民和屠夫）的捐赠提供税收优惠或信贷，这些人通常不受联邦税收优惠。例如，弗吉尼亚州和纽约州向非营利食品银行和其他紧急食品计划捐赠或出售粮食作物（即谷物、水果、坚果或蔬菜）的小规模农场提供税收抵免。

四、美国反食品浪费方式之循环利用

州和地方层面的绝大多数食品浪费法律和政策都侧重于对有机废弃物的循环利用。虽然这些举措成功地将食品垃圾从垃圾填埋场转移了出去，但它们采取的是被动应对的方式，而不是通过关注垃圾的来源来解决这个问题。这些循环利用措施对于减少垃圾填埋场的温室气体排放是必要的，然而，这些措施应与更积极的预防和回收结合使用，以减轻食品浪费问题对环境、经济和社会的总体影响。

在美国的联邦层面，2015 年，美国环境保护署（the United States Environmental Protection Agency）和美国农业部（the United States Department of Agriculture）宣布了到 2030 年将食物浪费减少 50％的联邦目标。这一目标与联合国可持续发展目标的具体目标相一致，即"到 2030 年将零售和消费层面的人均全球粮食浪费量减少一半，并减少生产和供应链的粮食损失"，环保署计划"通过与食品系统的领导者（如私营、政府、非营利组织、学术界、宗教界）合作，促进行动，并带来更成功的干预措施和工具，以推进食品的可持续管理"，从而实现 2030 年削减目标。美国环境保护署制定了食品废弃物管理层级（Food Recovery Hierarchy），"针对不同类型的被浪费的食物，采用不同的管理策略，将食品回收体系从上往下依次划分为'减少来源''给饥饿的人们''喂饲动物''工业用途''堆肥''堆填或焚烧'这六个层次"，① 以明确减少食品浪费的优选方法。通过分级，美国环境保护署优先考虑预防措施，即减少剩余食品的产生，并更倾向于生产后措施，如堆肥、将食品垃圾转化为能源，以及将食品残渣用于动物饲料等。回收措施，如食品捐赠，处于等级的中间。等级结构的底层"堆填或焚烧"则是防止食物浪费的较差方式，既缺少经济价值又对环境产生负面影响。该等级制度寻求在减少国家食品浪费方面采取积极主动的态度，旨在通过消除过量食品的生产从源头上解决这一问题。在实施 2030 年削减目标后，国会女议员切莉·平格里（Chellie Pingree）向众议院提交了《食品循环利用法案》（the Food Recovery Act）。该法案是一项综合性立法，纳入了预防、回收和再循环食品。该法案旨在制定统一的日期标签语言，加强《比尔·爱默生慈善食品捐赠法案》的责任保护，应对学校中的食品浪费，设立食品回收办公室，资助大型国家堆肥设施，并要求美国农业部制定计算农场一级发生的食品浪费量的标准。《食品循环利用法案》于 2017 年提交参议院，并提交给卫生小组委员会。② 联邦政府针对食品浪费问题的建议和积极应对措施已经开始，重点放在预防和恢复措施上，认识到在源头上积极打击浪费的重要性。然而，目前的应对措施仍不足以减少每年产生的食品浪费，必须采取额外措施，以显著减少食品浪费及其对温室气体排放、气候变化、社会不平等和经济损失。

---

①申宇哲，牛坤玉，宋蕊，等.反食物浪费政策如何落地：国际经验与本土实践 [J].中国农业资源与区划，2022（1）.

②Food Recovery Act of 2017, H. R. 3444, 115th Cong. (2017-2018).

美国目前已经有加利福尼亚州、佛蒙特州、康涅狄格州、马萨诸塞州和罗得岛州 5 个州制定了立法或监管计划，重点是减少物理环境中的食品浪费。这些州法律主要集中于将工业、商业和住宅有机废物从垃圾填埋场转移到有能力充分处理此类废物的循环利用中心。加利福尼亚州率先通过有机废物循环利用计划解决食品浪费问题，这一运动始于 1989 年的《加利福尼亚州综合废物管理法案》，该法案要求产生超过 4 立方码有机废物的企业和 5 个单元的多户住宅自行安排循环利用。经修订的该法案还要求每个县制定综合废物管理计划，并将其提交给州资源回收和循环利用部门。2014 年 10 月，州长杰里·布朗签署了 AB 1826 法案，规定企业遵守的有机和固体废物循环利用的实施时间表，使加州食品浪费法律变得更加严格。截至 2017 年 1 月，该法律要求适用的企业将有机废物与其他废物分开；现场循环利用有机废物或自运有机废物进行循环利用；并订阅有机废物循环利用服务，该服务本身可能包括专门循环利用有机废物的混合废物处理。佛蒙特州也积应对食物浪费问题。2012 年，佛蒙特州议会通过了《通用循环利用法》（the Universal Recycling Law），禁止在一年内处理三种主要类型的普通废物，慢慢地要求所有居民将可循环利用材料与家庭垃圾分开。自 2015 年 7 月起，禁止处置"蓝色垃圾桶"可循环利用物。为了实施这一禁令，所有公共建筑都必须在 2015 年截止日期前在公共场所的所有垃圾桶旁提供循环利用容器；2016 年 7 月，禁止处理树叶和庭院垃圾以及清洁木材；2020 年 7 月，禁止处理食品残渣、有机物和可堆肥厨余垃圾。最终，所有食品残渣于 2020 年 7 月从佛蒙特州的垃圾填埋场中被有效禁止。佛蒙特州环境保护部门在其 2016 年的报告中发现，2014 年至 2015 年间，"全州垃圾处理量减少了 5%……循环利用和堆肥量增加了 11983 吨"。此外，从 2015 年到 2016 年，全州范围内的食品捐赠增加了 40%。佛蒙特州的循环利用立法最终将废物转移的责任直接交给了佛蒙特州的公民，可以说是各州减少食品浪费最全面、最成功的计划之一。2011年，康涅狄格州通过《商业有机物循环利用法》（该法于 2013 年修订），此法律要求生产 104 吨或以上的源分离有机物（source-separated organic material）且位于可以循环利用设施 32 千米范围内的商业食品批发或分销商、食品制造商或加工商、超市、度假村或会议中心都需要适当循环利用这些有机物。这些设施使用厌氧消化和充气料堆工艺来堆肥有机物和可生物降解的废物。康涅狄格州目前允许 6 家经州环境保护部门授权的运营回收中心接收来自商业和工业上受监管实体的可回收材料。因此，尽管康涅狄格州有机回收法的进步目标是其他州效仿的榜样，但由于这些地区缺乏回收中心，康涅狄格州中部和东部的大部分地区仍然不受该法律的约束。马萨诸塞州环境保护部门于 2014 年通过了《商业食品材料处置禁令》（Commercial Food Material Disposal Ban），以促进其在 2020 年前将全州至少 35％的食品废物从处置中转移出去的举措。与康涅狄格州的法律不同，马萨诸塞州的食品浪费立法没有包含任何与垃圾处理器到回收设施距离相关的豁免，这可能是因为马萨诸塞州目前有 53 个场所接受转移的食品垃圾，这些设施分散在全州各地，便于食品垃圾进出和运输。因此，这使得该法律比康涅狄格州的法律更具可执行性和全面性，将有机废物回收的责任推到了更多的废物产生者身上。罗得岛州的《食品浪费禁令》（Food Waste Ban）于 2014 年 6 月由州议会通过，于 2016 年 1 月生效，目的是减少送往该州中央填埋场的废物数量。禁令生效时，罗得岛的中央垃圾填埋场"有望在 2038 年前填满"。禁令适用于每年处理 104 吨有机废物的任何商业食品批发商或分销商、工业食品制造商或加工商、超市、度假村或会议中心、宴会厅、餐厅、宗教机构、军事设施、监狱、医院或其他医疗机构等。

在美国的地方层面，美国许多城市都通过了食物浪费条例，希望在城市范围内减少食物浪费。其中最值得注意的是得克萨斯州奥斯汀、纽约州的纽约市和华盛顿州的西雅图。得克萨斯州奥斯汀市根据各自到2040年实现零浪费的目标，通过了《通用循环利用条例》（the Universal Recycling Ordinance）。该条例为商业食品设施规定了三个主要的遵守日期：到 2016 年 10 月 1 日，面积超过 1394 平方米的食品企业设施必须实施有机物转移计划；到 2017 年 10 月 1 日，465 平方米或更大的食品企业也需要同样的计划；截至 2018 年 10 月 1 日，所有食品业务均需要实施。该条例还要求所有房东在 2017 年 10 月之前为其租户和员工提供循环利用设施。2016 年 7 月，纽约市的《商业有机物法》（Commercial Organics Law）生效，该法律适用于以下机构：拥有 150 间或以上客房的酒店内的所有餐饮服务机构、可容纳 1.5 万人以上的竞技场和体育场内的所有食品服务供应商、建筑面积至少 2323 平方米的食品制造商、建筑面积至少 1858 平方米的食品批发商。西雅图市也通过了一项法令，禁止住宅和商业消费者倾倒食品，对于企业来说，如果垃圾箱中有超过箱内总量 10% 的食物浪费或其他可以堆肥或循环利用的物品，则可能会收取费用。企业必须选择现场堆肥、自行运输或支付食品垃圾服务费用。

第三节　反食品浪费的国外代表性立法

尽管各国存在历史传统和经济社会发展现实的差异，但是，食品浪费及其引发的问题在各国存有共通性。因此，反食品浪费日益受到国内法的重视，而法国、意大利和日本走在了反食品浪费专门立法的前列。当然，因为各国国情不同，反食品浪费立法各有侧重。

一、欧盟指引下的成员国反食品浪费立法

一度时期欧盟的食品浪费非常严重，在欧盟成员国中，尤其以英国、德国、法国、荷兰、意大利等国家的食品浪费为代表。因此，食品浪费也较早的引起了欧盟的高度关注。早在 2008 年，欧盟委员会颁布《废弃物框架指令》（Waste Framework Directive），要求成员国建立废弃物预防机制并妥善处置废弃物。该指令尽管在发布之初主要针对城市垃圾，但是，因其对食品废弃物的适用从而奠定了欧盟制定反食品浪费政策的基础。2011 年，欧盟通过并发布《欧洲资源高效路线图》，确定到 2020 年食品浪费减半的目标，从而将反食品浪费明确纳入欧盟的政策议题。2012 年，欧洲议会通过《如何避免食品浪费：在欧盟食物链中提高资源利用效率》决议，要求欧盟委员会采取措施在 2025 年减少食品浪费。[①] 2014 年，欧盟委员会进一步提出并要求各成员国实施"迈向循环经济：欧洲零浪费计划"。为确保反食品浪费在各成员国的顺利实施，2015 年，欧盟确定反食品浪费为"优先行动计划"，并再次确认欧盟减少食品浪费的承诺。[②]

（一）法国《反食品浪费法》

面对食品严重浪费的现实，为了最大限度减少食品浪费，也为了奠定实现法国政府在 2025 年食品浪费减半目标的法律框架，法国于 2016 年 2 月颁布《反食品浪费法》，该法也成为世界第一部反食品浪费的专门立法。法国《反食品浪费法》确立了食品商、消费者和协会在反食品浪费中的共同协作的基本原则，把预防食品浪费作为反食品浪费的优先举措，为此，不仅需要培训并提高食品供应链环节各主体的认识并与食

---

①宗会来. 欧盟及主要成员国减少食物浪费主要做法及启示 [J]. 世界农业，2015 (8).

②陈川. 欧盟反食物浪费实践经验及启示 [J]. 世界农业，2022 (12).

品消费者保持定期沟通；而且，集体餐饮的经营者应当对食品供应量进行预先估算，从而预先判断食品浪费的数量和费用并制订应对浪费的预案。在反食品浪费举措方面，鼓励食品捐赠，并要求面积达到 400 平方米以上的食品销售点必须签署食品捐赠协议，从而确保食品捐赠优先于食品废弃；通过加工为动物饲料实现食品的回收利用以及堆肥处理或者能源利用实现食品废弃物的循环利用。值得一提的是，法国《反食品浪费法》规定了较为严格的法律责任，比如食品销售点如果不优先考虑捐赠而是直接作为垃圾丢弃，可能会受到罚款等处罚，且每次违法行为的罚款不少于 3750 欧元。

尽管法国《反食品浪费法》提出提高消费者的反食品浪费意识，鼓励餐饮业打包未食用完的食品，但是，餐饮环节的浪费并未受到明显影响。因此，法国于 2018 年通过《农业和食品法》修正案，规定自 2021年 7 月 1 日起，所有餐厅必须向消费者提供可以回收或者可以重复利用的打包盒。为了强化反食品浪费的实施效果，2020 年 2 月，法国通过第 2020-105 号《反废弃物和促进循环经济发展法）。该法进一步明确法国实现反食品浪费目标的阶段：到 2025 年，食品配送和餐饮环节的浪费减少到 2015 年的一半；到 2030 年，食品生产、加工和消费环节的浪费减少到 2025 年的一半；同时，为强化反食品浪费的实施，政府全面监控和检查反食品浪费的落实和食品捐赠，对于销毁仍可食用食品的行为，罚款额根据食品浪费的数量确定，最高可以达到食品生产经营者上一会计年度营业额的千分之一。

此外，法国还在 2013 年《反食物浪费国民公约》的基础上，于2017 年续签《消除食品浪费公约》，并设立包括监查委员会、执行委员会以及食品指标与测量等 6 个工作组的反食品浪费联合机构，推动反食品浪费的落实。① 尽管法国反食品浪费"存在监管困难和处罚力度不够的问题",② 但是,作为第一个制定《反食品浪费法》的国家,并且不断完善反食品浪费机制和强化全民参与反食品浪费的行动,法国一直"走在立法反浪费的路上"。③

(二)意大利《反食品浪费法》

为了遏制严重的食品浪费,意大利于 2016 年 8 月出台《反食品浪费法》,该法也成为继法国之后欧盟第二部反食品浪费的专门立法。

意大利《反食品浪费法》确立了反对食品浪费行为的主要手段,明确规定食品生产经营者不得丢弃未食用过的食品,临近保质期的食品也禁止浪费。在食品的安全期方面,对于已经超过最后的销售期但是仍可以食用的食品,食品生产经营者可以捐赠慈善组织。在食品捐赠方面,一方面简化食品的捐赠程序从而进一步鼓励食品的再利用和捐赠并因此减少食品浪费,另一方面,明确"以减税代替罚款",即便食品生产经营者捐赠食品废弃物,也可以获得减免相应垃圾税的税收优惠。④ 因此,与法国相比,意大利《反食品浪费法》更倾向于通过鼓励的方式减少浪费。此外,意大利还强调在食品供应链中采取综合方法,在提高消费者反食品浪费意识的同时,政府设立反食品浪费和回收项目基金。⑤

二、日本反食品浪费立法

即便日本粮食自给率面临长期低于 40% 并导致食品领域对进口的严重依赖,但是,因为曾经大量生产并大量消费从而大量废弃的经济发

①申宇哲,牛坤玉,宋蕊,等.反食物浪费政策如何落地:国际经验与本土实践[J].中国农业资源与区划,2023(1).

②唐霁.法国立法反对粮食浪费颇有成效[N].经济参考报,2020-09-18.

③王若弦.法国:立法反浪费,成效几何?[N].新民晚报》2020-09-28.

④胡裕岭.意大利:食品回收法制化[J].检察风云,2016(13).

⑤韩秉宸.意大利出台法律杜绝食品浪费[N].人民日报,2016-08-09.

展模式选择不仅引发严重的环境问题，而且，日本曾一度人均食品浪费量"在亚洲排名第一、世界排名第六"，[①] 因此，不管是应对环境问题还是减少浪费，日本反食品浪费势在必行。自 20 世纪 90 年代以来，随着反食品浪费的重视，日本已经建立起系统的"反食物损失和浪费法律体系"，[②] 并通过明确政府机构反食品浪费的职责、强化食品生产经营者的反食品浪费行动和引导良好的饮食消费习惯等举措，取得了明显成效。

（一）建构系统的反食品浪费法律体系

作为典型的成文法国家，日本在反食品浪费领域也高度重视立法。诚然，最初的立法主要还是针对废弃物回收利用并因此适用于食品废弃物，但随着反食品浪费的推进，针对性的立法也得以陆续制定，从而政府部门、食品生产经营者和食品消费者都在法律的框架下共同致力于反食品浪费。

为推动废弃物由企业自主回收以及再生利用，日本于 1991 年颁布《再生资源利用促进法》，该法以及相关立法也在相当程度上减少了食品废弃物的实际排放量。为尽可能再次资源化固体废弃物并将无法再次利用的固体废弃物的处置作为最后的选择，日本于 2000 年颁布《建立循环社会的基本法》，同时，修订《再生资源利用促进法》并更名为《资源有效利用促进法》。针对食品领域的废弃物处置并实现食品领域的减量和资源化，日本于 2000 年颁布《食品废弃物回收法》，[③]，明确规定

---

①刘军国. 减少食物浪费 日本做法值得学习［J］. 中国食品，2020（20）.

②牛坤玉，申宇哲，刘静，等. 反食物损失和浪费：日本经验与镜鉴［J］. 自然资源学报，2022（10）.

③也有翻译为"《食品再生利用法》"——施锦芳，李博文. 日本食品垃圾循环制度构建及其对中国的启示［J］. 大连大学学报，2018（1），或者"《促进食品资源循环回收利用法》"——牛坤玉，申宇哲，刘静，等. 反食物损失和浪费：日本经验与镜鉴［J］.自然资源学报，2022（10）. 该法已经在 2007 年修订。

"食品废弃物"包括"食用过程中不能再用作食用、被废弃的食品"以及"食品加工制造过程中不能用以食用的副产物及剩余物"，① 要求食品废弃物等作为原材料从而实现"资源化再生利用"。②

食品的生产与流通的终端在消费者，反食品浪费的成效也在相当程度上取决于消费者。为此，日本于 2005 年颁布《食育基本法》，③ 该法也成为世界上第一部关于饮食教育的专门法律。《食育基本法》将食育与智育、德育、体育并列，规定政府和食品生产经营者承担宣传健康饮食和减少食品浪费的职责，从而推动全民将"健康饮食理念"植入日常生活并传承科学膳食文化，在食品安全保障体系中发挥消费者的"主体性作用"。④ 现代消费已经不再局限于生存或者经济的层面而呈现出道德性，因此，为倡导"道德消费"，日本于 2012 年出台《消费者教育促进法》。在反食品浪费意义上，《消费者教育促进法》指引消费者意识到并重视食品消费中被隐藏的社会成本。随着反食品浪费的进一步推进，日本于 2019 年颁布《食品浪费削减推进法案》，把食品损失和浪费减量行动发展为全社会参与的"国民运动"，推动从生产、分配到消费的全部食品环节减少浪费。为强化减少食品浪费的宣传教育，根据《食物浪费削减推进法案》，日本于 2020 年制定《关于促进食品减损的基本政策》，明确媒体、消费者组织、非营利组织等"执行促进食品减损中所

①施锦芳，李博文.日本食品垃圾循环制度构建及其对中国的启示 [J].大连大学学报，2018 (1).
②赵解春，白文波，赵立欣.日本减少食物浪费的法规及其施策对中国的启示 [J].中国农业科技导报，2022 (11).
③也有将该法翻译为"《饮食教育基本法（法律第 63 号）》"——赵解春，白文波，赵立欣.日本减少食物浪费的法规及其施策对中国的启示 [J].中国农业科技导报，2022 (11).
④葛冬冬.日本"食育"对食品安全保障的积极作用及启示 [J].中国物流与采购，2021 (22).

要求的角色和行为"。①

此外，日本还于 1999 年颁布《公务员伦理法》和《情报公开法》，公务宴请费用等相关信息的公开在相当程度上抑制了公款浪费的问题。在法律之外，日本还出台大量的政策，明确具体的政策目标，并保障法律的实施。其中，比较典型的比如 2014 年发布《第三次食育推进基本计划》，提出从 2015 年到 2020 年，实施反食品浪费损失的国民比例从 67.4％提高到 80％；2018 年 6 月日本发布《促进建立第四个循环型社会的基本计划》，要求到 2030 年家庭食品损失量比 2000 年减少一半；2019 年发布《促进食品循环资源回收利用的基本政策》，要求到 2030 年商业食品损失量比 2000 年减少一半。②

（二）食品废弃物循环利用及其系统化管理

早在 20 世纪初，日本根据 1900 年出台的《污物扫除法》就在全国建设废弃物回收站，统一集中回收废弃物之后，通过人工把废弃物分选为食品垃圾和非食品垃圾，前者进行堆肥处理后再用于农业生产，后者则予以掩埋处理。随着反食品浪费的推进，日本对食品废弃物循环利用进一步系统化。

首先是明确食品废弃物管理的主体责任。在日本内阁，农林水产省、环境省分别主要负责食品行业以及家庭排放的食品废弃物统计和量化管理。由于食品废弃物的多样化和复杂性，鉴于食品废弃物量化管理工作独立但又部分重合，农林水产省和环境省均设置食品循环委员会；且针对食品行业食品废弃物制定量化目标，农林水产省和环境省又共同设置食品废弃物减排目标制定工作组。但是，食品废弃物的管理仍需要

---

①杨东霞，韩洁，王俏，等. 减少粮食损耗和反对食物浪费的国际经验及对中国的启示［J］. 世界农业，2021（6）.

②牛坤玉，申宇哲，刘静，等. 反食物损失和浪费：日本经验与镜鉴［J］. 自然资源学报，2022（10）.

日本政府各部门之间的通力合作，为此，2012 年，日本消费者厅设立
"政府各部委食品浪费减量联席会"，搭建食品废弃物管理和信息交换平
台，并为促进消费者自发减少食品浪费和食品废弃物而共同探讨制定宣
传教育政策。[①] 而日本地方政府在食品废弃物处理方面的主要职责是制
定地方食品废弃物处理计划并建设食品废弃物回收设施。为此，地方政
府许可相关企业处理食品生产经营环节的食品废弃物，委托相关企业处
理厨房食品垃圾。而在食品废弃物产生的源头上，一方面，食品生产经
营者对食品废弃物收集分类后，交由专门的食品废弃物处理经营者处
理，并承担相应的费用；另一方面，在鼓励家庭及居民提高食品利用率
的同时，居民对厨余垃圾分类，通过堆肥处理或者交由专业机构统一回
收处理。

其次是构建食品及其废弃物的循环利用体系。吸取二战后为恢复经
济所采取的大量生产所导致大量浪费的教训，日本对循环经济的发展为
食品废弃物循环利用营造了良好的社会环境。食品废弃物不仅可能造成
食品浪费，而且，其处置本身也会发生费用并产生社会成本，因此，食
品废弃物循环利用的首要举措就是食品废弃物减量。为此，日本不仅通
过食育和道德教育等措施尽可能引导家庭或者居民合理消费，积极推进
"食品银行"等流转平台建设从而解决家庭或者消费者过度购买可能导
致的食品废弃物产生，而且，引导和鼓励通过研发新工艺尽可能提高食
品原材料利用率，从而在源头上尽可能减少生产经营过程中食品废弃物
的产生。对于已经产生的食品废弃物，则主要通过再资源化和再能源化
等方式提高食品废弃物的利用率和发挥食品废弃物的效用。在食品废弃
物的再资源化方面，则主要是把食品废弃物制成可降解塑料或者堆肥处
理；在食品废弃物的再能源化方面，则主要是将食品废弃物发酵，通过

---

①孙艳艳，张红，苗润莲，等. 日本食品废弃物量化管理体系研究 [J]. 世界农业，
2017 (9).

沼气的方式再转化为电能。因此，日本的食品废弃物循环利用，不仅在反食品浪费方面发挥了重要作用，而且，有利于"经济社会全面可持续发展"。①

---

① 施锦芳，李博文. 日本食品垃圾循环制度构建及其对中国的启示 [J]. 大连大学学报，2018 (1).

第三章　我国反食品浪费的政策与法律合力

　　我国在漫长的历史长河中已经形成"厉行勤俭节约、反对铺张浪费"的传统美德，但是，浪费依然严重。肇始于道德上的反浪费呼吁和实践于党内法规与政策的反浪费行动，经由《宪法》及相关法律的规定而日渐成熟，反食品浪费的现实需求则推动了我国《反食品浪费法》的出台。"考虑到全球气候治理正面临领导力空缺和制度失灵困境，因此，中国'双碳'承诺之实现有望对其他国家起到良好示范作用，为全球'碳中和'注入强劲动力，助力《巴黎协定》行稳致远，推动全球气候治理走向全球气候'法治'"，① 而反食品浪费也能促进我国"双碳"承诺的落实。

第一节　我国反公款餐饮浪费的党内法规推进

　　我国反食品浪费发端于餐饮领域，且最先针对公款消费，并以党内

---

①冯帅.遵约背景下中国"双碳"承诺的实现［J］.中国软科学，2022（9）.

法规①为表现形式。1997 年 5 月 25 日，中共中央、国务院《关于党政机关厉行节约制止奢侈浪费行为的若干规定》指出，"严禁用公款大吃大喝、挥霍浪费"。②

党的十八大以来，中共中央将"厉行节约、反对浪费"具体化、制度化，形成了反对食品浪费的具体制度约束。2013 年 11 月，中共中央、国务院出台《党政机关厉行节约反对浪费条例》后，国务院各相关部门就反对食品浪费颁行了一系列政策性文件（见表 3-1）；各地方省委、省政府也随之颁行了反对食品浪费的规范性文件③。

表 3-1　党内法规及其贯彻落实的相关文件

文件名称	发布单位	发布时间	反食品浪费的主要举措
党政机关厉行节约反对浪费条例	中共中央、国务院	2013.11.18	公务接待集中管理；公务接待审批控制；提高粮食的利用效率和效益，杜绝浪费行为；把厉行节约反对浪费作为重要宣传内容；把加强厉行节约反对浪费教育作为作风建设的重要内容

①2012 年《中国共产党党内法规制定条例》定义"党内法规"为："党内法规是党的中央组织以及中央纪律检查委员会、中央各部门和省、自治区、直辖市党委制定的规范党组织的工作、活动和党员行为的党内规章制度的总称。"2019 年修订后的《中国共产党党内法规制定条例》则规定"党内法规"是"党的中央组织，中央纪律检查委员会以及党中央工作机关和省、自治区、直辖市党委制定的体现党的统一意志、规范党的领导和党的建设活动、依靠党的纪律保证实施的专门规章制度"。

②"严禁用公款大吃大喝、挥霍浪费"具体落实为"党政机关召开会议和公务接待要严格执行食宿接待标准，不准超标准接待，各地区、各部门制定的接待标准应当公开。有关部门必须严格执行接待制度，加强管理和监督。不准到上级领导机关所在地宴请领导机关工作人员，不准利用各种学习、培训之机互相宴请，不准参加用公款支付的高消费娱乐活动。对违反规定的要严肃处理，情节严重的还要公开曝光"。

③2014 年 7 月 11 日，黑龙江省委、省政府颁布《黑龙江省厉行节约反对食品浪费实施方案》，2014 年 9 月 19 日，北京市委、市政府颁布《北京市厉行节约反对食品浪费实施方案》，福建省委、省政府发布《关于厉行节约反对食品浪费的实施意见》。除此以外，河北、四川、辽宁、山东、湖南等地也制定出台了关于厉行节约反对食品浪费的指导性文件。

续表

文件名称	发布单位	发布时间	反食品浪费的主要举措
关于厉行节约反对食品浪费的意见	中共中央办公厅、国务院办公厅	2014.03.11	杜绝公务活动用餐浪费；推进单位食堂节俭用餐；推行科学文明的餐饮消费模式；减少各环节粮食损失浪费；推进食品废弃物资源化利用；加大宣传教育力度；健全法律法规①；加强监督检查
关于深入贯彻落实《党政机关厉行节约反对浪费条例》的通知	教育部	2013.12.06	把厉行节约反对浪费纳入社会主义核心价值体系和教育教学体系，教育引导广大干部和师生牢固树立"节约光荣、浪费可耻"的意识，从我做起、从点滴做起，节约每一粒粮；建立公务接待审批制度和费用支出清单制度，教育系统的公务接待食宿原则上安排在学校招待所和食堂，并按有关规定和标准收取费用，严禁超规格超标准接待
关于深入贯彻落实《党政机关厉行节约反对浪费条例》的通知	国家税务总局	2013.12.11	强化遏制铺张浪费的"釜底抽薪"之策；积极落实公务接待改革措施
关于印发严格执行《党政机关厉行节约反对浪费条例》十项规定的通知	中共国家安全监管总局党组	2014.01.27	严禁将非公务活动纳入接待范围，严禁超规格、超标准接待，严禁扩大接待范围、增加接待项目

---

①具体内容包括：积极推进反对食品浪费工作法制化进程。国务院法制办及有关部门要积极研究推动节约粮食、反对食品浪费法规建设，加快推进粮食法立法进程，建立有利于促进粮食节约的法律机制。国家发展改革委、国家粮食局要会同有关部门抓紧修订粮食流通管理条例，对粮食节约减损作出规定，明确奖惩措施。各地区各有关部门要结合实际研究制定反对食品浪费的地方性法规和规章。

文件名称	发布单位	发布时间	反食品浪费的主要举措
关于贯彻党政机关厉行节约反对浪费条例严格做好国内公务接待管理的通知	中国保险监督管理委员会办公厅	2014.02.08	抓紧制定公务接待等方面的实施细则和配套制度,尽快形成立体式、全方位的厉行节约反对浪费的制度体系和工作机制,增强工作实效
关于厉行节约反对食品浪费有关工作的通知	商务部	2014.08.25	建立健全商贸服务领域厉行节约反对食品浪费的相关标准;鼓励餐饮企业积极发展大众化餐饮;建立提醒提示制度;推行商务餐分餐制;餐前引导适量点餐;餐后主动帮助打包,不设置最低消费;规范餐饮企业和食品批发零售企业促销活动;对浪费严重的行为进行曝光;将行业协会作为深入开展厉行节约反对食品浪费的重要支撑
关于做好厉行节约反对浪费制度上网公开工作的通知	财政部办公厅	2014.10.22	开设了"厉行节约反对浪费制度建设与实施"专栏
贯彻落实《党政机关厉行节约反对浪费条例》实施办法	国土资源部	2015.02.27	设置"公务接待"专章

第二节　我国反餐饮浪费专项法律行动

为了规范餐饮服务经营活动,引导和促进餐饮行业健康有序发展,维护消费者和经营者的合法权益,2014 年 9 月 22 日,商务部发布我国

第一部反餐饮浪费的部门规章《餐饮业经营管理办法（试行）》①。
2017 年 7 月，为贯彻落实习近平总书记关于"推动形成绿色发展方式
和生活方式"的重要指示精神，践行新发展理念，在全社会大力倡导绿
色生活、反对铺张浪费，推动形成节约适度、绿色低碳、文明健康的生
活方式和消费方式，商务部、中央文明办决定推动餐饮行业深入开展
"厉行勤俭节约反对餐饮浪费"工作，商务部、中央文明办决定发布
《关于推动餐饮行业深入开展"厉行勤俭节约 反对餐饮浪费"工作的通
知》（商服贸函〔2017〕385 号）（见表 3-2）。

表 3-2　反餐饮专项法律行动的部门规章及相关规范性文件②

文件名称	发布机关	发布时间	主要举措
餐饮业经营管理办法（试行）	商务部	2014.09.22	明确管理职责，规定餐饮行业协会、餐饮经营者的职责以及监督检查等③
关于推动餐饮行业深入开展"厉行勤俭节约反对餐饮浪费"工作的通知	商务部、中央文明办	2017.07.10	持续推进餐饮节约行动；强化行业协会作用；促进养成餐饮节约习惯；切实履行政府责任；充分发挥舆论引导作用

①2022 年 7 月，商务部发布《2022 年规章立法计划》，"以习近平新时代中国特色社
会主义思想为指导，深入学习贯彻习近平法治思想，全面贯彻落实党的十九大和十九届
历次全会精神，着力提高立法质量和工作效率，为坚持稳中求进工作总基调，完整、准
确、全面贯彻新发展理念，加快构建新发展格局，推动商务高质量发展提供坚实有力的
法治保障"，其中，为落实《反食品浪费法》和进一步加强餐饮业行业管理，修订《餐饮
业经营管理办法（试行）》。
②特别说明，鉴于《反食品浪费法》出台后，相关省市以《反食品浪费法》为上位
法，出台反餐饮的相关地方性法规不在本统计范围内，而在后续的反食品浪费法律中表
述。
③主要内容：商务部负责全国餐饮行业管理工作；餐饮行业协会发挥行业自律、引
导、服务作用；餐饮经营者做好节能减排、资源节约和综合利用工作，建立节俭消费提
醒提示制度，引导消费者餐前适量点餐，不得随意处置餐厨废弃物，禁止设置最低消费；
县级以上地方商务主管部门定期开展反食品浪费相关行为进行监督检查。

续表

文件名称	发布机关	发布时间	主要举措
关于中央和国家机关带头贯彻落实习近平总书记重要指示精神坚决制止餐饮浪费行为的行动方案	中央和国家机关工委、国家机关事务管理局、中央直属机关事务管理局	2020.08	坚决制止机关食堂浪费；制定餐饮文明公约；推进"光盘行动"常态化；严格公务活动用餐管理；推行简餐和标准化饮食，杜绝铺张浪费；强化所属单位餐饮管理
教育系统"制止餐饮浪费培养节约习惯"行动方案	教育部	2020.09.07	广泛开展教育宣传；大力培育校园文化；提升食堂管理水平；创新使用科技手段；建立健全制度体系
关于做好档案馆局制止餐饮浪费宣传教育工作的通知	国家档案局行政财务司	2020.10.10	发布3套系列主题宣传海报，认真落实"过紧日子"要求，深入推进节约型机关建设，带头践行"两个维护"，以良好机关作风引领社会风尚
关于以标准化促进餐饮节约反对餐饮浪费的意见	市场监管总局、商务部、文化和旅游部	2021.01.25	建立健全节约型餐饮标准体系；持续营造餐饮节约标准化社会氛围
关于开展反餐饮浪费专项整治的通知	市场监管总局办公厅	2022.11.07	在全国范围餐饮服务经营者中开展，重点突出重点地区和重点对象；餐饮服务经营者对照《反食品浪费法》开展自查自纠；各地市场监管部门对照《反食品浪费法》开展专项监督执法

　　《餐饮业经营管理办法（试行）》明确规定"餐饮经营活动"是指"通过即时加工制作成品或半成品、商业销售和服务性劳动等，向消费

者提供食品和消费场所及设施的经营行为"，[①] 开创了我国餐饮行业全国性统一行业法规的新局面，一定程度上也克服了政府行业监管职能交叉重复与盲点并存的窘境，为在餐饮业形成"厉行勤俭、反对浪费"良好风尚奠定了法律基础。同时，随着反餐饮浪费在相关部门和相关领域的落实，反餐饮浪费也因此取得积极进展。

第三节　我国反食品浪费的法律演变

"厉行节约，反对浪费"不仅是我国的传统美德，更是得到立法的确认和保障。为此，我国《宪法》以及相关法律都有明确的规定。随着粮食安全问题呈现的国际国内场景，分散于《宪法》和相关法律中的规定已经不足以应对严峻的食品浪费问题，反食品浪费专门立法也因此得以实现。随着《反食品浪费法》的通过，专门的地方性法规也相应发布，并因此构建反食品浪费的法律体系。

一、《宪法》和基本法律对反浪费的筑基

我国《宪法》第 14 条第 2 款对"厉行节约，反对浪费"的基本规定，奠定了我国法律贯彻落实反浪费的宪法根基。继《民法总则》之后，《民法典》确立绿色原则，明确规定民事主体节约资源，且规定当事人履行合同时提出避免资源浪费。此外，《环境保护法》等相关法律中的诸多规定也体现了"节约资源、反对浪费"的精神（见表 3-3）。

---

①《餐饮业经营管理办法（试行）》第 2 条。

表 3-3 **"厉行节约，反对浪费"的相关立法及其规定**

法律名称	相关规定
《宪法》	第 14 条第 2 款：国家厉行节约，反对浪费
《民法典》	第 9 条：民事主体从事民事活动，应当有利于节约资源、保护生态环境 第 509 条第 3 款：当事人在履行合同过程中，应当避免浪费资源、污染环境和破坏生态
《环境保护法》	第 36 条：国家鼓励和引导公民、法人和其他组织使用有利于保护环境的产品和再生产品，减少废弃物的产生
《农业法》	第 36 条：国家提倡珍惜和节约粮食，并采取措施改善人民的食物营养结构
《循环经济促进法》	第 10 条第 1 款：公民应当增强节约资源和保护环境意识，合理消费，节约资源
《固体废物污染环境防治法》	第 3 条第 2 款：国家倡导简约适度、绿色低碳的生活方式，引导公众积极参与固体废物污染环境防治
《国家安全法》	第 21 条：国家合理利用和保护资源能源
《消费者权益保护法》	第 5 条第 3 款：国家倡导文明、健康、节约资源和保护环境的消费方式，反对浪费
《政府采购法》	第 9 条：政府采购应当有助于实现国家的经济和社会发展政策目标，包括保护环境，扶持不发达地区和少数民族地区，促进中小企业发展等
《食品安全法》	第 10 条：各级人民政府应当加强食品安全的宣传教育，普及食品安全知识，鼓励社会组织、基层群众性自治组织、食品生产经营者开展食品安全法律、法规以及食品安全标准和知识的普及工作，倡导健康的饮食方式，增强消费者食品安全意识和自我保护能力。

二、《反食品浪费法》对反食品浪费法律体系的建构

食品浪费问题看似只是生活习惯上的小问题，实际上是国际社会关注的大问题，更是直接威胁到我国粮食与资源的大隐患。反食品浪费立法议程实现了"食品浪费现状的现实传导与措施反馈""反食品浪费问题的政府关注与专业参与"以及"反食品浪费立法的公众关切与执政为民"。[①]《反食品浪费法》"贯彻落实习近平总书记重要指示精神，建立反食品浪费长效机制，是'小快灵''小切口'立法的生动实践"。[②] 作为防止食品浪费并保障国家粮食安全的专门性法律予以颁布，从而"厉行节约、反对浪费不再仅仅是倡导和号召"，"将实践中行之有效的政策措施上升为法律规定"，"发挥法律引领和规范作用"。[③] 为落实《反食品浪费法》，地方性法规和其他规范性文件也相继发布，从而建立了我国反食品浪费的法律体系（见表3-4）。

表3-4 　《反食品浪费法》及相关规范性文件[④]

类别	发布机关	发布时间	名称	条文数或主要内容
法律	全国人民代表大会常务委员会	2021.04.29	《反食品浪费法》	共32条

[①]刘洋.多源流理论视角下我国反食品浪费立法议程推进分析［J］.湖北经济学院学报，2022（4）.

[②]栗战书：《在第十三届全国人大常委会第二十八次会议上的讲话》，2021年4月29日。

[③]汤啸天."有偿"就可以浪费吗［J］.法人，2022（2）.

[④]特别说明：第一，前文已经述及，《反食品浪费法》出台后，以该法为上位法出台的反餐饮浪费相关地方立法在本处统计。第二，规范性文件整理截至2022年底。

类别	发布机关	发布时间	名称	条文数或主要内容
省级地方性法规	山西省人民代表大会常务委员会	2021.01.15	《山西省预防和制止餐饮浪费规定》	共26条
	北京市人民代表大会常务委员会	2021.05.27	《北京市反食品浪费规定》	共30条
	山东省人民代表大会常务委员会	2022.07.28	《山东省反食品浪费规定》	共19条
	天津市人民代表大会常务委员会	2021.07.30	《天津市反食品浪费若干规定》	共34条
	河北省人民代表大会常务委员会	2020.09.24	《关于厉行节约、反对餐饮浪费的规定》	共37条
	甘肃省人民代表大会常务委员会	2021.09.29	《甘肃省反餐饮浪费条例》	共34条
	广东省第十三届人民代表大会常务委员会	2020.11.27	《关于制止餐饮浪费的决定》	共16条
设区的市地方性法规	嘉峪关市人民代表大会常务委员会	2022.04.18	《嘉峪关市制止餐饮浪费行为条例》	共24条
	西安市人民代表大会常务委员会	2022.04.21	《西安市反餐饮浪费条例》	共37条
	长春市人民代表大会常务委员会	2022.05.12	《长春市反餐饮浪费条例》	共26条
	合肥市人民代表大会常务委员会	2020.09.29	《合肥市制止餐饮浪费行为条例》	共28条
	宿州市人民代表大会常务委员会	2020.10.09	《宿州市制止餐饮浪费行为条例》	共30条
	黄山市人民代表大会常务委员会	2020.10.20	《黄山市制止餐饮浪费行为条例》	共26条
	黑河市人民代表大会常务委员会	2022.11.11	《黑河市反餐饮浪费条例》	共30条
	广州市人民代表大会常务委员会	2020.12.08	《广州市反餐饮浪费条例》	共31条
	德州市人民代表大会常务委员	2022.12.22	《德州市反餐饮浪费条例》	共20条

类别	发布机关	发布时间	名称	条文数或主要内容
其他规范性文件	国务院食品安全办、教育部、商务部、市场监管总局、国管局	2021.06.11	《关于贯彻实施〈中华人民共和国反食品浪费法〉有关事项的公告》	明确食品生产经营者、餐饮服务经营者、单位食堂等的职责，以及相关职能部门的职责①
	国家机关事务管理局办公室	2021.07.27	《关于贯彻落实〈中华人民共和国反食品浪费法〉的通知》	明确重点工作和加强领导②
	国家发展改革委办公厅、商务部办公厅、市场监管总局办公厅、粮食和储备局办公室	2021.11.30	《反食品浪费工作方案》	推进粮食节约减损；遏制餐饮行业食品浪费③；加强公共机构餐饮节约④；促进食品合理利用⑤

①主要内容：食品生产经营者要全面落实反食品浪费措施；餐饮服务经营者要严格执行反食品浪费制度规范；单位食堂要不断加强反食品浪费管理；食品检验检测机构要积极创新反食品浪费举措。各级人民政府食品安全办和教育、商务、市场监管、机关事务管理等部门要加强反食品浪费法宣传贯彻工作，进一步加大监督检查力度，督促生产经营者落实反食品浪费法律规定，依法严厉查处各类浪费食品的违法违规行为，促进经济社会可持续发展。

②主要内容：充分认识贯彻落实《反食品浪费法》的重要意义；着力抓好贯彻落实《反食品浪费法》的重点工作（积极开展宣传培训工作、健全相关法规制度标准、完善监督检查工作机制）；切实加强《反食品浪费法》贯彻落实工作的组织领导。

③具体包括商务部、文化和旅游部和各地方有关部门负责"加强餐饮行业管理"，商务部、文化和旅游部、市场监管总局等部门按职责分工负责"完善餐饮行业标准与规范"，商务部等部门按职责分工负责"大力推动餐饮行业自律"以及"开展反餐饮浪费政策效果评估"。

④具体包括国管局负责"推进机关单位食堂反食品浪费"，教育部、国管局负责"开展学校食堂餐饮节约行动"。

⑤具体包括民政部、市场监管总局负责"建立食品捐赠需求对接机制"，商务部、市场监管总局等部门按职责分工负责"健全临期食品销售体系"，住房城乡建设部等部门负责"推进厨余垃圾资源化利用"。

类别	发布机关	发布时间	名称	条文数或主要内容
				严格执法监督①；强化组织实施②

　　反食品浪费涉及每个机关、企事业单位、社会组织和个人，因此，《反食品浪费法》明确规定"国家厉行节约，反对浪费"，地方性法规进一步明确"厉行节约、反对浪费是全社会的共同责任"，③ 或者"反对食品浪费是全社会的共同责任"。④

　　明确各级人民政府及其有关部门反食品浪费的义务，是《反食品浪费法》得以有效实施的保障。《反食品浪费法》规定"各级人民政府应当加强对反食品浪费工作的领导"，⑤ 明确国务院发展改革部门、商务主管部门、市场监督管理部门、国家粮食和物资储备部门以及国务院有

---

①具体包括各级市场监管部门负责"加强反食品浪费日常监督检查"，市场监管总局、商务部、文化和旅游部和各地方有关部门按职责分工负责"加强反食品浪费执法"，广电总局、网信办等部门按职责分工负责"严格食品浪费相关信息监管"。

②具体包括国家发展改革委牵头、各有关部门按职责分工负责"加强组织领导"，广电总局、网信办等部门按职责分工负责"宣传推广典型经验做法"，广电总局、网信办等部门按职责分工负责"营造勤俭节约社会氛围"。

③《北京市反食品浪费规定》第7条、《天津市反食品浪费若干规定》第3条。

④《山东省反食品浪费规定》第3条，且进一步规定"任何单位和个人都应当遵守反食品浪费法律、法规，自觉抵制食品浪费行为"。

⑤《反食品浪费法》第4条。

关部门的职责。① 地方性法规进一步明确了"有关部门"，比如教育部门、卫生健康部门、文化和旅游、城市管理、粮食和储备、国有资产管理、机关事务管理等其他有关部门的职责，② 或者工业和信息化、卫生健康、住房城乡建设、交通运输、文化和旅游、国有资产监督管理等有关部门，③ 甚至进一步明确农业农村部门、网信部门的职责。④ 尽管分工较为明确，但因为反食品浪费涉及众多环节且相互交织从而导致无法排除现实中相互掣肘，地方立法甚至还进一步明确反食品浪费的协作与联动。⑤

厘清反食品浪费相关主体的义务及其法律责任，是《反食品浪费

---

①《反食品浪费法》第5条规定，"国务院发展改革部门应当加强对全国反食品浪费工作的组织协调；会同国务院有关部门每年分析评估食品浪费情况，整体部署反食品浪费工作，提出相关工作措施和意见，由各有关部门落实"，"国务院商务主管部门应当加强对餐饮行业的管理，建立健全行业标准、服务规范；会同国务院市场监督管理部门等建立餐饮行业反食品浪费制度规范，采取措施鼓励餐饮服务经营者提供分餐服务、向社会公开其反食品浪费情况"，"国务院市场监督管理部门应当加强对食品生产经营者反食品浪费情况的监督，督促食品生产经营者落实反食品浪费措施"，"国家粮食和物资储备部门应当加强粮食仓储流通过程中的节粮减损管理，会同国务院有关部门组织实施粮食储存、运输、加工标准"以及"国务院有关部门依照本法和国务院规定的职责，采取措施开展反食品浪费工作"。

②《北京市反食品浪费规定》第4条规定"……教育部门应当加强对学校、幼儿园开展反食品浪费工作的指导和监督，将厉行节约、反对浪费纳入教育教学内容；推动学校、幼儿园广泛开展以节约为主题的校园活动和实践体验活动。卫生健康部门应当组织开展营养状况监测、营养知识普及，制定不同群体的营养膳食指引，引导市民养成科学的饮食习惯。文化和旅游、城市管理、粮食和储备、国有资产管理、机关事务管理等其他有关部门应当依法按照各自职责，采取措施做好反食品浪费工作。"

③《山东省反食品浪费规定》第4条第8款规定"工业和信息化、卫生健康、住房城乡建设、交通运输、文化和旅游、国有资产监督管理等有关部门，应当按照各自职责做好反食品浪费的相关工作。"

④《天津市反食品浪费若干规定》第7条第3款规定"农业农村部门应当将厉行节约、反对浪费纳入美丽乡村建设，加强文明乡风建设，推进农村移风易俗"，第8条规定"网信部门应当加强网络空间治理和监督管理，制止暴饮暴食、奢靡浪费等不良信息的传播，倡导文明健康、绿色低碳的饮食文化，营造厉行节约、反对浪费的网络环境"。

⑤《天津市反食品浪费若干规定》第27条规定"商务、市场监督管理、文化和旅游、教育等部门应当加强对食品浪费行为的日常监督检查，建立健全反食品浪费监管协作和联动机制，向社会公开反食品浪费检查情况。"

法》实施的关键。食品经营者类型众多，比如餐饮服务经营者，超市、商场以及农贸市场等食品经营者，餐饮外卖平台，旅游经营者以及单位食堂①等，因此，《反食品浪费法》以及地方性法规分别规定了相关经营者的义务。行业协会也负有反食品浪费的职责，《反食品浪费法》明确规定食品、餐饮行业协会以及消费者协会和其他消费者组织的反食品浪费的具体举措。② 个人与家庭领域的反食品浪费，也是《反食品浪费法》及地方性法规关注的内容，并从消费理念、反食品浪费行动等诸多方面作了明确的规定。

建立健全反食品浪费的重要制度，是《反食品浪费法》落实的关键。《反食品浪费法》建立的机关食堂反食品浪费工作成效评估和通报制度，③ 可以有效推进反食品浪费的信息沟通，也有利于发现反食品浪费存在的问题。该制度已经率先开始试点。国管局、国家发展改革委、商务部、市场监管总局于 2022 年联合印发《关于在部分地区和部门实施机关食堂反食品浪费工作成效评估和通报制度的通知》，要求自 2022年 5 月起，北京市、山西省、山东省、陕西省和成渝地区等 5 个地区以及人民银行、审计署、中央广电总台、国防科工局、移民局等 5 个中央国家机关部门率先实施机关食堂反食品浪费工作成效评估和通报制度，

---

①根据我国《反不正当竞争法》关于"经营者"是指"从事商品生产、经营或者提供服务的自然人、法人和非法人组织"之规定，且实践中除了人数较少采用自营方式外，较多单位食堂采用外包等方式运营，因此，为了表述的方便，把单位食堂归并到"经营者"之中。

②《反食品浪费法》第 19 条规定，"食品、餐饮行业协会等应当加强行业自律，依法制定、实施反食品浪费等相关团体标准和行业自律规范，宣传、普及防止食品浪费知识，推广先进典型，引导会员自觉开展反食品浪费活动，对有浪费行为的会员采取必要的自律措施"，"食品、餐饮行业协会等应当开展食品浪费监测，加强分析评估，每年向社会公布有关食品浪费情况及监测评估结果，为国家机关制定法律、法规、政策、标准和开展有关问题研究提供支持，接受社会监督"以及"消费者协会和其他消费者组织应当对消费者加强饮食消费教育，引导形成自觉抵制浪费的消费习惯"。

③《反食品浪费法》第 18 条规定，"机关事务管理部门会同有关部门建立机关食堂反食品浪费工作成效评估和通报制度，将反食品浪费纳入公共机构节约能源资源考核和节约型机关创建活动内容"。

积极探索机关食堂反食品浪费长效机制。食品捐赠制度对于促进剩余食品回收、减少流通领域的食品浪费意义重大，我国《反食品浪费法》建立了食品捐赠的制度框架，[①] 有地方性法规进一步明确了食品捐赠对象、捐赠平台等具体要求。反食品浪费举报制度，可以激发社会公众参与反食品浪费的积极性，弥补政府及其部门反食品浪费力量与广度、深度的不足，在《反食品浪费法》中对此进行了明确的规定，[②] 有地方性法规明确规定了举报途径，[③] 以及对举报的奖励。[④] 此外，超期食品无害化处理、厨余垃圾源头减量、反食品浪费的国家支持、反食品浪费宣传以及反食品浪费的精神文明创建等相关制度也得以确定下来。

---

①《反食品浪费法》第23条规定，"县级以上地方人民政府民政、市场监督管理部门等建立捐赠需求对接机制，引导食品生产经营者等在保证食品安全的前提下向有关社会组织、福利机构、救助机构等组织或者个人捐赠食品。有关组织根据需要，及时接收、分发食品"，"国家鼓励社会力量参与食品捐赠活动。网络信息服务提供者可以搭建平台，为食品捐赠等提供服务"；《北京市反食品浪费规定》第21条规定，"本市鼓励食品生产经营者向公益慈善组织、福利救助机构等捐赠保质期内可安全食用的食品"，"民政部门应当会同相关部门建立健全食品捐赠对接机制，通过社区共建、慈善活动和志愿服务等方式搭建线上线下平台，为食品捐赠提供支持"。

②《反食品浪费法》第27条规定，"任何单位和个人发现食品生产经营者等有食品浪费行为的，有权向有关部门和机关举报。接到举报的部门和机关应当及时依法处理"。

③如《北京市反食品浪费规定》第24条规定，"任何单位和个人有权劝阻、制止食品浪费行为；发现食品生产经营者违反本规定的，可以通过市民服务热线反映或者向有关部门举报；接到举报的部门应当及时依法处理。"《山东省反食品浪费规定》第18条第1款规定"县级以上人民政府应当建立健全反食品浪费举报制度，并向社会公开举报电话或者举报平台"。

④《山东省反食品浪费规定》第18条第2款规定，"任何单位和个人发现食品生产经营者等有食品浪费行为的，有权进行举报。接到举报的部门应当依法处理，并对核查属实的给予适当奖励"。

第四章　我国反食品浪费的法律审视

反食品浪费"既是节约自然资源、保护环境的客观需求，也是解决中国人吃饭问题，促进产业转型以及对接国外市场的应有考虑"①。尽管道德和政策对我国反食品浪费发挥了重要的作用，不管是在构建反食品浪费的长效机制方面，还是在保障反食品浪费的成效方面，反食品浪费的法律才是根本保障。当然，反食品浪费的发展与完善，并不拒绝或者排斥道德和政策，反而应当充分发挥道德、政策和法律各自的优势，并构筑反食品浪费的制度体系。不管是相关法律对"厉行节约，反对浪费"的倡导，还是《反食品浪费法》等专门法律的原则性规定，以及反食品浪费法律的实施效果，都有待实践的检验，我国反食品浪费法治化依然需要进一步推进。

第一节　我国反食品浪费法治化的必然

"俭，德之共也；侈，恶之大也。"反食品浪费的道德约束不得不面对食品浪费的现实，从而呈现出道德的无力。反食品浪费政策对特定群

---

①落志筠. 反食品浪费立法的法理基础与中国路径［J］. 重庆大学学报（社会科学版），2021（4）.

体、特定场域的食品浪费发挥的效果，尚难以应对普遍的食品浪费问题。因此，反食品浪费从道德与政策走向法治，是必然的。

一、我国反食品浪费道德的法律化

"君子以俭德辟难。"提倡节约和反对浪费在我国具有深厚的文化传统。同时，为"提高全社会文明程度"，我国正在"实施公民道德建设工程"。[①] 但是，事实上，食品浪费又无处不在。在生产经营环节，经营者因为追逐利润而放任浪费，或者经营行为直接造成食品浪费，"由于商业的规模和影响力急剧膨胀，对商业的监管应该由政府执行，因为政府是唯一一个在必要的情况下能与商业抗衡的组织"[②]。比如，国家市场监管总局公布的浙江省温州市龙湾区市场监管局纠正温州新零商贸有限公司浪费食品行为案例，"2022 年 4 月 18 日，浙江省温州市龙湾区市场监管局执法人员根据线索对温州新零商贸有限公司经营的网店'莫小仙旗舰店'进行检查，发现该店铺商品详情页'商家公告'中含有'若食品收到有压坏的现象请联系在线客服提供压坏的照片后，配合将内物拆开倒垃圾桶里拍照处理'等信息。经查，当事人为防止部分消费者恶意退货，当消费者收到外包装被压坏的食品后，即使不影响食品安全，仍要求消费者将食品倒掉以证明其未食用该食品，才能给予办理换货或者退款。当事人将'倒掉损毁食品'作为消费者申请换货或者退款的前提条件，造成严重的食品浪费"，"龙湾区市场监管局依据《中华人民共和国反食品浪费法》第 28 条第 3 款的规定，责令当事人立即改正"。[③] 对于食品消费者而言，一方面，生产力的发展提升了粮食产量，

---

①习近平：《高举中国特色社会主义伟大旗帜 为全面建设社会主义现代化国家而团结奋斗——在中国共产党第二十次全国代表大会上的报告》，2022 年 10 月 16 日。

②〔美〕菲利普·希尔茨. 保护公众健康：美国食品药品百年监管历程 [M]. 姚明威，译，北京：中国水利电力出版社，2005：17.

③李翔. 市场监管总局集中公布一批食品浪费违法行为典型案例 [N]. 中国市场监管报，2022-10-29（A1）.

加上政策对农业的倾斜，导致农产品价格比较低，消费者的食品支出占收入的比例越来越低，当节约已经不是生活所迫，传统的节约意识和美德可能会淡化甚至被遗忘；另一方面，当面子代表消费者的名誉和其他人群对自己的尊重时，面子就可能支配着人的消费意识和行为方式，并因此导致浪费的发生，这尤为明显地体现在餐饮领域。因此，不管是市场经营者追逐利润的贪婪或者对食品浪费的疏忽，还是消费者对食品消费的物质与情感上的贪婪或者对食品浪费的疏忽，食品浪费都很容易发生。

"法律制度的价值和意义就在于规范和追寻技术上可以管理的哪怕是可能性很小或影响范围很小的风险和灾难的每一个细节"，[①] 反食品浪费的道德约束，必须寻找反食品浪费的法治进路，从而构筑食品为人类所理性、适度消费。

"法律是道德的底线和后盾，道德是法律的遵循和升华。"[②] 适应我国经济社会发展以及社会结构变化的需要，通过不断修订和完善法律，基本道德义务和道德规范纳入法律强制力的调整范围，而《反食品浪费法》将"厉行节约，反对浪费"的传统美德以法律条款加以固化，并通过明确相关主体的义务乃至法律责任矫正不良行为，并反哺道德水准的提升。因此，反食品浪费从道德层面上升到法律层面，为全社会确立食品生产经营与消费中反浪费的基本行为准则，推动从主要靠文明道德规范抑制食品浪费的时代进入法律与文明道德规范并重从而长效遏制食品浪费的时代，是国家治理实现现代化与法治化的需要。

---

①〔德〕乌尔里希·贝克. 从工业社会到风险社会——关于人类生存、社会结构和生态启蒙等问题的思考（上篇）[J]. 马克思主义与现实，2003（3）.

②陈尚龙. 以法治刚性遏制餐饮浪费——《广州市反餐饮浪费条例》正式施行[J]. 人民之声，2020（12）.

二、反食品浪费党内法规与政策的法律化

政策与法律都是国家治理的方式，"小智治事，中智治人，大智立法。治理一个国家、一个社会，关键是要立规矩、讲规矩、守规矩。法律是治国理政最大最重要的规矩。推进国家治理体系和治理能力现代化，必须坚持依法治国，为党和国家事业发展提供根本性、全局性、长期性的制度保障"。①

《党政机关厉行节约反对浪费条例》《关于厉行节约反对食品浪费的意见》以及与此相关的党内法规以及政策性文件，具体内容规定与节约食物、反对浪费紧密关联，具备一定的层级，对各级党政机关、国有企事业单位有指导规范意义，也在相关领域反食品浪费取得了实质性的效果，并推动了我国反食品浪费法律的发展。但作为党内规范性文件，"适用范围及效力有限"。② 因此，在反食品浪费领域，将党内立法上升为系统的国家立法，"有助于扩大反对食品浪费的适用范围，在全社会范围内建立起法律制度约束，力争形成'不能浪费'的防范机制，'不敢浪费'的惩戒机制，'不易浪费'的保障机制，以及'不愿浪费'的激励机制"。③

而且，"加强党对立法工作的领导"，④ "当代中国的立法质量很大程度上取决于立法者能否将公共政策有效转化为法律规范"。⑤ 党内法规和政策之法律化的根本目的就是制定良法，不是为了转化而转化。

①习近平：《在党的十八届四中全会第二次全体会议上的讲话》，2014年10月23日。
②黄锡生，饶能. 食物节约立法的域外考察及其借鉴 [J]. 重庆大学学报（社会科学版），2021（4）.
③落志筠. 反食品浪费立法的法理基础与中国路径 [J]. 重庆大学学报（社会科学版），2021（4）.
④《中共中央关于加强党的执政能力建设的决定》，中国共产党第十六届中央委员会第四次全体会议2004年9月19日通过。
⑤肖恒. 立法法理学视野下政策法律化的证成 [J]. 福建师范大学学报（哲学社会科学版），2022（5）.

"现代社会政治的合法性，形式上的根据是经过多数人的同意（即民主），实质上的根据是对人权的切实保障（价值）。"① 反食品浪费本身就是优秀传统的延续并因此而为广大人民熟悉，且通过党内法规和政策的施行，已经赢得了广大人民的拥护，转化为法律也当然能得到人民的支持和认同并广泛接受和普遍遵守。进一步说，广大人民对反食品浪费的理念、主要内容已经非常成熟与稳定，且因为食品浪费的严峻现实与严重后果决定了反食品浪费必须转化为"全社会共同的责任"从而具有普遍约束力，通过国家强制力保障反食品浪费的落实。

"坚持走中国特色社会主义法治道路"，② 法律必将成为"治国之重器"。但是，依然不可否认的是，社会是丰富的，并因此需要多元的规则共同发挥作用，面对反食品浪费的持久与复杂，"从党的文件中分化而来，归属于中国特色社会主义法治体系"③ 的党内法规与政策，必将与法律共同推进反食品浪费的落实。

第二节 对我国反食品浪费法律的反思

尽管《宪法》以及相关法律建构了"节约"或者"反对浪费"的制度框架，但是，不管是因为《宪法》本身的原则性规定，还是其他法律从环境保护、民事活动或者消费者权益保护等视角的规定，都不可能建构系统的反食品浪费法律制度。而《反食品浪费法》则承担了反食品浪费法律制度系统建构的大任。因此，"《反食品浪费法》立法过程堪称迅

①王人博. 宪政文化与近代中国 [M]. 北京：法律出版社，1997：12.
②习近平：《高举中国特色社会主义伟大旗帜 为全面建设社会主义现代化国家而团结奋斗——在中国共产党第二十次全国代表大会上的报告》，2022 年 10 月 16 日。
③孟涛. 党内法规体系的形成与完善 [J]. 法学研究，2021 (6).

速，历时 4 个月起草，经过 2020 年 12 月和 2021 年 4 月两次全国人大常委会会议审议后表决通过，并自公布之日起施行"，"法律在表决通过后马上施行，足见国家反食品浪费、守护粮食安全的坚定决心与急迫心情"。[①] 但是，食品浪费所涉及的众多领域与环节，特别是家庭或单位食堂等具有一定的隐蔽性且"掺杂着经营者、消费者等相关民事主体的主观意愿，浪费行为不易察觉，反浪费措施不易落实或流于形式，存在执行难、举证难等问题"，[②]《反食品浪费法》本身仍有不足并在实施中存有难度，因此，我国反食品浪费立法需要进一步完善，而反食品浪费法律的施行，更需要实践的检验。

一、我国反食品浪费立法的不足

反食品浪费立法的部分规定总体上过于原则。因为《宪法》的地位及其所规定的内容决定，"国家厉行节约，反对浪费"的表达奠定了反浪费的《宪法》地位，但其他法律对反浪费的指引难以具体。而承担反食品浪费重任的《反食品浪费法》，仍显得过于原则。其中，最直接的表现就是"食品浪费""明显浪费"以及"严重浪费"在《反食品浪费法》以及地方性法规中缺乏更具可操作性的法律规定。尽管对"食品浪费"在法律条文中从定性的角度予以了界定，毕竟食品会历经生产、流通和消费等诸多环节，且食品的类别众多，"食品浪费"的定量界定就会变得非常困难，而相关法律条文中对"明显浪费"或者"严重浪费"的原则性规定可能造成执法中的困惑，并因此直接影响到反食品浪费法律的实施。

反食品浪费立法的倡导性规范过多，且与相应主体承担反食品浪费

---

①王萍. 反食品浪费法："小快灵"立法的生动实践 [J]. 中国人大，2022 (2).

②李伟，李文琪.《民法典》绿色原则适用于《反食品浪费法》实施路径探赜 [J]. 东北农业大学学报（社会科学版），2022 (3).

职责或者义务不符。不可否认，尽管反食品浪费是全社会乃至全球共同的责任，通过倡导性规范引导特定群体自觉地反食品浪费确有必要，但是，在具有可操作性的领域，倡导性规范可能难以发挥积极效用。其中，特别有代表性的是《反食品浪费法》中针对政府以及相关部门、单位食堂、行业协会职责"应当加强"的多次表述。"准确是法律的本质要求，准确与否是对错的问题，不准确的行为规则无法指引人的行为，准确因而是法律的生命"。① 而"法律文本中'应当'的意义特征比较复杂，公法领域私法领域中常常体现出差异性"，"有时表示义务性规范，有时表示倡导性规范"。② 就反食品浪费的相关立法看，政府及其职能部门承担反食品浪费的职责本应非常明确，但是，仅有个别地方性法规对政府及其职能部门履职有法律责任的约束，③ 而且，"应当加强"的表述如果把"应当"理解为表示倡导性规范，而"加强"又面临依法履行职责抑或以超过"依法履行职责"的更高标准的困惑，政府及其职能部门的反食品浪费职责可能面临落空的风险。同样的理解也适用于行业协会、单位食堂以及学校食堂和校外供餐单位，"应当加强"所指引的内容本身属于其法定义务，仅仅是"应当加强"的立法就可能造成反食品浪费执法的尴尬。再比如，《反食品浪费法》已经明确规定"旅游经营者"承担反食品浪费的义务，④ 但是，不仅"应当"本身可能面临表示倡导性规范的可能，而法律既没有明确界定"文明、健康用餐"，更缺乏违反"应当引导旅游者文明、健康用餐"或者应当"提醒旅游者

①朱涛.《民法典》编纂中的立法语言规范化［J］.中国法学，2017（1）.
②杨凤仙.法律文本中"应当"的语言特征分析［J］.边缘法学论坛，2022（2）.
③《天津市反食品浪费规定》第28条规定，"各级政府及有关部门及其工作人员违反本规定，未依法履行职责的，由本级人民政府或者所在单位责令改正；对负有责任的领导人员和直接责任人员，由有权机关根据情节依法给予处理"。
④《反食品浪费法》第11条规定，"旅游经营者应当引导旅游者文明、健康用餐。旅行社及导游应当合理安排团队用餐，提醒旅游者适量点餐、取餐。有关行业应当将旅游经营者反食品浪费工作情况纳入相关质量标准等级评定指标"。

适量点餐、取餐"应承担的法律责任。因此，反食品浪费立法中不适宜的倡导性规范，很难发挥对相应主体的约束，也可能导致反食品浪费执法自由裁量权不行使或者滥用。

反食品浪费立法的法律责任存有疏漏。"从某种意义上说，法律对社会关系的调整是通过责任的形式来完成的。"[①] 就反食品浪费法律来说，实施食品浪费行为的人就应当承担与其违法行为相匹配的法律责任。但是，从目前的反食品浪费立法来说，法律责任的疏漏不容忽视。其一，反食品浪费立法中刑事责任的缺失。刑事责任的产生"归因于对犯罪行为人主观恶性的重视"。[②]《反食品浪费法》主要规定了食品浪费方面责令改正、警告、罚款等行政法律责任，也有"依法追究法律责任"的比较笼统的责任规定。其二，我国现行刑法没有与浪费直接对应的罪名，尽管针对公款吃喝浪费不断有设立"挥霍浪费罪"等建议，但是，"中央纪委致函征求了全国人大常委会法工委刑法室的意见，最终认为对挥霍浪费行为追究刑事责任问题，目前还没有成熟的意见"。[③]对于食品浪费而言，规定行政法律责任而缺失了刑事责任，可能导致行政法律责任和刑事责任分离，不仅无法依法追究造成严重食品浪费的行为主体的法律责任从而难以遏制严重食品浪费行为，而且可能给相关主体以食品浪费尽管违法但尚不足以构成犯罪的认知从而放纵食品浪费行为。反食品浪费立法不仅缺失刑事责任，而且"依法追究法律责任"可

---

①李拥军. 法律责任概念的反思与重构 [J]. 中国法学，2022 (3).

②徐立. 刑事责任的实质定义 [J]. 政法论坛，2010 (2).

③参见吴学安. 挥霍浪费公款"入刑"非常必要 [N]. 证券时报，2013-12-18 (A08). 此外，还可以参见陈丽平、陈东升. 应修改刑法设立挥霍浪费罪 [N]. 法制日报，2009-11-5 (7). 当然，也有反对意见，因为"最高检《关于渎职侵权犯罪案件立案标准的规定》指出：'滥用职权罪是指国家机关工作人员超越职权，违法决定、处理其无权决定、处理的事项，或者违反规定处理公务，致使公共财产、国家和人民利益遭受重大损失的行为。'如果在公款使用过程中，滥用权力、竞相攀比、摆阔气、讲排场、比奢华，超出合理标准或违反国家相关规定的，达到起刑点，则可以定性为滥用职权罪"，参见公款浪费是否该"入刑"[N]. 经济日报，2013-12-19 (2).

能落空。以"粉丝打榜投票倒奶事件"为例可见一斑："2021 年 5 月，一则关于爱奇艺《青春有你》打榜倒奶事件的相关词条被顶上微博热搜。"① 值得注意的是，该事件刚好发生于《反食品浪费法》通过并实施之后，仅仅有关部门的责令停止节目录制以及相关当事人道歉，食品浪费的社会影响如何消除？根据"依法追究法律责任"的规定，却没有让"直接负责的主管人员和其他直接责任人员"承担应有的法律责任。

反食品浪费立法确立的监管体系不健全。《反食品浪费法》规定了政府对反食品浪费工作的领导职责，也明确了国务院发展改革部门、商务主管部门、市场监督管理部门等的反食品浪费职责，地方立法甚至还进一步落实了《反食品浪费法》中"有关部门"的职责。② 看似部门繁多且各自分工，但是相对于反食品浪费工作所需要的统一高效监管体系，仍可能暴露出其不足。一是可能存在重复监管的问题，《反食品浪费法》中"国务院商务主管部门应当加强对餐饮行业的管理"以及"国务院市场监督管理部门应当加强对食品生产经营者反食品浪费情况的监督"的规定，"食品生产经营者"当然会涉及"餐饮行业"，商务主管部门和市场监督管理部门之间就可能存在权责不明确而出现重复监管，地方性法规也有类似的问题。③ 二是缺少统一的监管领导，尽管《反食品浪费法》规定"各级人民政府应当加强对反食品浪费工作的领导"以及"国务院发展改革部门应当加强对全国反食品浪费工作的组织协调"，但是，一方面中央和地方各监管部门之间可能缺少系统性并因此导致出现监管"真空地带"，另一方面反食品浪费本身涉及诸多领域与环节并因此涉及各监管部门之间的配合，"领导""组织协调"以及具体的监管落

①施博. 节目内卷、舆论自省与法治驱动——基于"倒奶门"事件的分析［J］. 中国报业，2021（22）.

②比如《天津市反食品浪费若干规定》第 6 条规定了文化和旅游部门、网信部门等的反食品浪费职责。

③比如《北京市反食品浪费规定》规定商务部门管理餐饮行业，但同时也规定市场监管部门管理餐饮行业，文化和旅游部门、城市管理部门等也可以管理餐饮行业。

实之间如何有效运行，甚至是否又发生食品安全领域曾经出现的"九个部门管不住一头猪"的场景，都是对我国反食品浪费立法的检验。三是监管对象可能不全面，反食品浪费立法的主要监管对象包括食品生产经营者、餐饮服务者（含食堂），以及广播电视、电视台、旅游经营者等，而聚餐浪费中的个人或者家庭以及在"粉丝打榜投票倒奶事件"中引发浪费的"粉丝"等可能游离于监管之外。

二、我国反食品浪费立法的保障不足

反食品浪费法律的有效实施，需要相关的制度予以保障。尽管我国《反食品浪费法》已经明确规定实行对防止食品浪费的税收支持等相关制度，[①] 但是相对于保障反食品浪费法律实施的现实需要，相关制度仍不健全，尤其明显地体现在防止食品浪费的税收、厨余垃圾收费、临时食品法律规制等方面。

防止食品浪费的税收不健全，很难激励从生产到消费的反食品浪费。基于税收的特征与功能，实行有利于防止食品浪费的税收政策，既可以促进食品生产经营者通过技术的改进来减少食品浪费，又因为食品浪费纳入税收范围也必然增加食品的生产成本并因此间接促进食品的理性消费，从而防止食品浪费的消极外部性。但是《反食品浪费法》的规定尚不具体，反食品浪费的相关税收制度分散于《企业所得税法》和《环境保护税法》等相关法律，而且以税收优惠为主，从而呈现出有利于防止食品浪费的税收法律制度供给不足的局面。第一，食品捐赠税收优惠不完善。依据现行法律，食品捐赠必须在符合公益性捐赠的前提下，才可以"在年度利润总额 12% 以内的部分，准予在计算应纳税所

---

①《反食品浪费法》第 26 条规定，"县级以上人民政府应当采取措施，对防止食品浪费的科学研究、技术开发等活动予以支持……国家实行有利于防止食品浪费的税收政策"。

得额时扣除；超过年度利润总额 12% 的部分，准予结转以后三年内在计算应纳税所得额时扣除"。实际上，食品捐赠可以发挥社会救助与减少垃圾的双重功效，如果依然要求"通过公益性社会组织或者县级以上人民政府及其部门，用于符合法律规定的慈善活动、公益事业的捐赠"才可以认定为"公益性捐赠"，就有悖减少食品浪费的立法目的；且食品捐赠可能金额不大，如果严格依据公益性捐赠标准操作，可能会大幅度增加捐赠者的成本从而抑制捐赠的积极性；此外，即便《民法典》对赠与人责任有一定程度的豁免，[①] 但尚不足以消除食品捐赠者的担心。因此，食品捐赠税收优惠的不完善，可能直接影响到规模巨大的临期食品市场并导致临期食品无法通过捐赠等方式处置而发生浪费。第二，现行税收法律制度对食品生产经营者防止浪费的激励不足。我国对企业节能环保的税收优惠，主要限定于环境保护、节能节水、综合利用资源等，而且标准不够细化。尽管《反食品浪费法》采取鼓励的原则性规定，[②] 但是从激励反食品浪费的角度，降低粮食收获及加工损失率机械的研制与推广、粮食仓储设施的改造或者升级、粮食专业运输设备的研发与运用等尚无直接的税收法律支持。第三，食品固体废弃物没有纳入环境保护税的征收范围。尽管食品固体废弃物属于我国法律规定的"固

---

①《民法典》第 662 条规定，"赠与的财产有瑕疵的，赠与人不承担责任。附义务的赠与，赠与的财产有瑕疵的，赠与人在附义务的限度内承担与出卖人相同的责任。赠与人故意不告知瑕疵或者保证无瑕疵，造成受赠人损失的，应当承担赔偿责任"。

②比如《反食品浪费法》第 15 条规定，"国家完善粮食和其他食用农产品的生产、储存、运输、加工标准，推广使用新技术、新工艺、新设备，引导适度加工和综合利用，降低损耗"，"食品生产经营者应当采取措施，改善食品储存、运输、加工条件，防止食品变质，降低储存、运输中的损耗；提高食品加工利用率，避免过度加工和过量使用原材料"。

体废物"，也与"生活垃圾"有交叉，① 但是《环境保护税法》的《环境保护税税目税额表》列明的"固体废物"仅仅包括煤矸石、尾矿、危险废物以及冶炼渣、粉煤灰、炉渣以及其他固体废物，且省级人民政府的调整以及"其他固体废物的具体范围"，② 也有明显的限制，比如限于"具体适用税额"。③

厨余垃圾减量的法律规制不足，难以有效抑制消费端的食品浪费。《反食品浪费法》既规定厨余垃圾减量义务，④ 又规定消费者承担厨余垃圾处置费用。⑤ 但是，不管是《反食品浪费法》的原则性规定，还是城市生活垃圾收费制度，都表现出对厨余垃圾减量规制的明显不足。2002 年 6 月，原国家计委、财政部、建设部、国家环保总局发布《关于实行城市生活垃圾处理收费制度促进垃圾处理产业化的通知》（计价格〔2002〕872 号），以"实行城市生活垃圾处理收费制度，促进垃圾

①《固体废物污染环境防治法》第124条第1项规定，"固体废物，是指在生产、生活和其他活动中产生的丧失原有利用价值或者虽未丧失利用价值但被抛弃或者放弃的固态、半固态和置于容器中的气态的物品、物质以及法律、行政法规规定纳入固体废物管理的物品、物质。经无害化加工处理，并且符合强制性国家产品质量标准，不会危害公众健康和生态安全，或者根据固体废物鉴别标准和鉴别程序认定为不属于固体废物的除外"，第3项规定"生活垃圾，是指在日常生活中或者为日常生活提供服务的活动中产生的固体废物，以及法律、行政法规规定视为生活垃圾的固体废物"。

②《环境保护税法实施条例》第2条规定，"环境保护税法所附《环境保护税税目税额表》所称其他固体废物的具体范围，依照环境保护税法第六条第二款规定的程序确定"。

③《环境保护税法》第6条规定，"环境保护税的税目、税额，依照本法所附《环境保护税税目税额表》执行"，"应税大气污染物和水污染物的具体适用税额的确定和调整，由省、自治区、直辖市人民政府统筹考虑本地区环境承载能力、污染物排放现状和经济社会生态发展目标要求，在本法所附《环境保护税税目税额表》规定的税额幅度内提出，报同级人民代表大会常务委员会决定，并报全国人民代表大会常务委员会和国务院备案。"

④《反食品浪费法》第24条规定，"产生厨余垃圾的单位、家庭和个人应当依法履行厨余垃圾源头减量义务"。

⑤《反食品浪费法》第7条第4款规定，"餐饮服务经营者……也可以对造成明显浪费的消费者收取处理厨余垃圾的相应费用，收费标准应当明示"。

处理产业化"，^① 开启了我国的垃圾收费制度。但是在相当长的时期里，仅仅在北京、上海等个别城市对非居民厨余垃圾规定有收费标准，而大多数城市并没有单独的或者专门的厨余垃圾收费标准。2021 年 7 月 2 日，国家发展改革委、住房城乡建设部发布《关于推进非居民厨余垃圾处理计量收费的指导意见》（发改价格〔2021〕977 号），以"全面建立健全厨余垃圾收运处理体系及收费机制"。总体上，《关于推进非居民厨余垃圾处理计量收费的指导意见》仍多为原则性的规定，比如"推行厨余垃圾计量收费"，也就意味着短期内尚无法改变不同区域的计价标准，也就很难发挥厨余垃圾通过收费实现减量化的目标。同时，因为各地区经济发展水平不同而不得不授权各地方根据实际情况自行设定收费标准，就可能导致厨余垃圾收费标准过于悬殊，甚至与经济发展水平差距不符。此外，全国尚未全面实行厨余垃圾收费，导致不少地方依然将厨余垃圾归类于生活垃圾，进一步减弱了厨余垃圾价格机制对减量化的推进。还有，《反食品浪费法》中规定餐饮经营者向消费者"收取处理厨余垃圾的相应费用"，一方面因为餐饮经营者基于营利的动机不收取或者象征性地收取，基本上没有什么实质意义；另一方面，消费者"造成明显浪费"本身就不具有量化标准。

临期食品法律规制不足，难以有效影响流通环节的食品浪费。"随着反食品浪费理念成为社会共识，临期食品的处置和销售引起社会和消费零售行业的关注"，^②"近年来，临期食品行业市场规模年复合增长率为 7.8%，由此推算出 2026 年临期食品市场规模约为 471 亿元"。^③ 尽

①该通知界定"城市生活垃圾"是指"城市人口在日常生活中产生或为城市日常生活提供服务的产生的固体废物，以及法律、行政法规规定，视为城市生活垃圾的固体废物（包括建筑垃圾和渣土，不包括工业固体废物和危险废物）"。

②阎密. 新老零售商争相入局　临期食品行业发展提速 [J]. 国际商报，2023-02-08 (7).

③王小萱. 到 2026 年临期食品市场规模约为 471 亿元 [J]. 中国食品报，2023-01-13 (7).

管有"临近保质期"或者"临期食品"等不同表述，但二者含义并无实质性的区别，一般是指"虽然尚在其标注的保质期范围，但是已经接近保质期限的食品"。①《食品安全法》从"保证食品安全"的视角规定食品保质期②，《反食品浪费法》则专门规定了临期食品。③ 不可否认的是，临期食品法律规制的出发点一定有食品安全的考量，但是毕竟不同的立法应该承载不同的立法目的，而《反食品浪费法》的立法目的非常明确，尤其是"防止食品浪费"的使命非常直接。临期食品的规定依然受食品安全路径依赖的影响，"特别标示或者集中陈列出售"可以提示消费者安全风险和规避食品安全危机，但是从反食品浪费的角度，尚不足以建构我国的临期食品法律规制体系。第一，临期食品界定标准缺乏适用于全国的统一规范，部分省市对临期食品的"临近保质期"期限做出不同界定，在全国统一大市场背景下，同一食品可能在不同省份面临不同"临近保质期"的期限。第二，从对临期食品的地方规定看，尽管实施的主要制度有所不同，但更多的还是立足于"维护消费者权益"以及"保障食品安全"的角度，基本上没有考虑临期食品更高效的循环利用从而尽可能地避免浪费。第三，临期食品承载明确的标识或者特别的标示确实可以提醒消费者及时消费，但实践中主要的处置方式还是降价销售，也因此不排除消费者基于价格等因素的考虑而超出需求的购买，一旦超过保质期，未被食用的食品则面临被抛弃而浪费，或者继续食用而承受相应的风险。

此外，反食品浪费不仅需要法律的保障，也需要技术的支持，因

①中国社会科学院语言研究所词典编辑室编. 现代汉语词典（第七版）[Z]. 北京：商务印书馆，2019：825.

②典型的法律条文比如《食品安全法》第54条第1款规定，"食品经营者应当按照保证食品安全的要求贮存食品，定期检查库存食品，及时清理变质或者超过保质期的食品"。

③《反食品浪费法》第12条规定，"超市、商场等食品经营者应当对其经营的食品加强日常检查，对临近保质期的食品分类管理，作特别标示或者集中陈列出售"。

此，技术支持的法治化是反食品浪费落实的重要支撑。尽管《反食品浪费法》规定了反食品浪费的技术支持，① 但是，"对食品浪费情况进行监测、调查、分析和评估"以及"对防止食品浪费的科学研究、技术开发等活动予以支持"常态化开展的制度建构尚未建立，自从《反食品浪费法》实施以来，也缺乏有关"对食品浪费情况进行监测、调查、分析和评估"以及"对防止食品浪费的科学研究、技术开发等活动予以支持"的落实。

①比如《反食品浪费法》第 4 条规定，"各级人民政府应当""组织对食品浪费情况进行监测、调查、分析和评估"，第 25 条规定，"国家组织开展营养状况监测、营养知识普及，引导公民形成科学的饮食习惯，减少不健康饮食引起的疾病风险"，以及第 26 条第 1 款规定，"县级以上人民政府应当采取措施，对防止食品浪费的科学研究、技术开发等活动予以支持"。

第五章　反食品浪费法律的完善

　　"制定反浪费法就是要把提倡节约，反对浪费的道德规范法律化，使其具有强制的性质"，这一期盼已经成为现实，但是，"反浪费法应成为我国一部重要的大法，它应具有一切法律所具有的严肃性、科学性，又应具有比较充实和详尽的内容，而且应具有高度的可实施性"，① 从《反食品浪费法》看，确实还有差距。《反食品浪费法（草案二次审议稿）》在全国人民代表大会常务委员会审议中，"有些常委会组成人员还就进一步完善反食品浪费体制机制、加强公务活动用餐管理、补充细化餐饮服务经营者相关义务、实行厨余垃圾处理阶梯收费等提出了一些具体意见"，宪法和法律委员会"经研究认为，上述意见涉及的问题，有的已在相关法律中做出规定，有的需要在有关部门和地方的配套规定中进一步细化，建议有关方面认真研究落实，尽快制定完善相关配套规定，扎实做好法律宣传工作，切实保障法律有效贯彻实施"。②

---

　　①李艳芳. 关于制定我国反浪费法的建议 [J]. 法学家，1994 (3).
　　②全国人民代表大会宪法和法律委员会《关于〈中华人民共和国反食品浪费法（草案二次审议稿）〉修改意见的报告》，2021 年 4 月 28 日在第十三届全国人民代表大会常务委员会第二十八次会议上的报告。

第一节　反食品浪费立法的完善

《反食品浪费法》已经承担起我国反食品浪费的主要使命，且已经形成以《反食品浪费法》为核心的反食品浪费法律体系。因此，反食品浪费立法的完善，主要从两个方面展开：在立法形式上，不管是从目前的立法进程还是实质意义上讲，进一步通过行政法规即由国务院颁布条例的形式具体化《反食品浪费法》的可能性甚至必要性都不大，而相关省市反食品浪费或者反餐饮浪费的立法展开，应该说是具体化《反食品浪费法》的适当选择；在立法内容上，不管是适时修改《反食品浪费法》还是出台抑或完善地方性法规的相关内容，应当是当务之急。

一、严重食品浪费入刑

即便因为《刑法》的谦抑性，即"立法者应当力求以最小的支出——少用甚至不用刑罚（用其他刑罚代替措施），获取最大的社会效益——有效地预防和控制犯罪"，[①] 但是，严重的食品浪费行为不仅危害到国家粮食安全，更破坏社会风气和危害生态环境，所具有的严重社会危害性不言而喻。因此，将严重的食品浪费行为纳入《刑法》并不体现刑法对社会的过度介入，相反，以《刑法》预防和制裁严重的食品浪费行为更能体现法益保护原则，也符合罪责刑相适应原则。而如果不将严重的食品浪费行为纳入刑法的范畴，即便针对公款浪费可能都存在法律适用的困难，"即使公款挥霍浪费的客观手段表现为侵吞、挪用、渎职等，也有可能突破现行法律解释对这些客观手段的理解，或者因处于模糊地

①陈兴良. 刑法谦抑的价值蕴含 ［J］. 现代法学，1996（3）.

带，导致司法实践中的认定标准不一"。① 甚至，换一个角度，即便依据《刑法》规定的现有罪名可以对严重的公款挥霍浪费行为施以《刑法》的预防和制裁，而不具有特定身份的主体严重浪费食品的行为所具有的严重社会危害性依然不容否认，其危害的法益甚至不排除超过《刑法》现有罪名所保护的法益。

尽管《反食品浪费法》主要规定了反食品浪费义务主体的行政责任，但是，"广播电台、电视台、网络音视频服务提供者制作、发布、传播宣扬量大多吃、暴饮暴食等浪费食品的节目或者音视频信息的"，"拒不改正或者情节严重的"，"对直接负责的主管人员和其他直接责任人员依法追究法律责任"，即便从字面上解释，"依法追究法律责任"并没有否认刑事责任的适用，而且，对于遵守《反食品浪费法》的相关主体予以鼓励而对违反《反食品浪费法》仅仅限于行政处罚，可能很难有效地预防和制止食品浪费行为。

"法定犯相比传统的自然犯而言，其侵害的法益更多的是国家、集体、社会的公共利益，而不是公民个人的人身、财产权利，这些罪名与行为人的人身危险性无关，而与特定时代的政策导向相关。"② 因此，为了更好地推进反食品浪费，严重的浪费食品行为应当纳入《刑法》，增设罪名以应对严峻的食品浪费现实以及预防和制裁社会危害性较大的食品浪费，是《刑法》补位的需要。考虑刑法对食品等财物浪费的预防和惩罚所保护法益的不同，采取分别主体、完善既有罪名和增设新的罪名等路径，应该可以建立覆盖食品浪费行为在内的反浪费的刑法架构。具体而言，对于具有特定身份的主体而言，一方面，需要将包括食品浪费在内的浪费行为融入《刑法》的现有罪名：对于侵吞型犯罪，如果行

---

①周小雯.公款挥霍浪费的刑法规制［J］.宁夏社会科学，2015（4）.
②马静华，夏卫.刑事司法中逻辑法条主义的反思［J］.江苏行政学院学报，2021（6）.

为人以侵吞、骗取、窃取等手段非法占有包括食品在内的公共财产在公车消费、公款宴请、违规发放补贴，或者将应当上缴国家的罚没财物私分给个人，通过出台司法解释明确纳入贪污罪或者私分国有资产罪、私分罚没财物罪；对于渎职型犯罪，则涉及包括食品在内的公共财产挥霍浪费所涉及的滥用职权等犯罪。另一方面，有人建议增设"不当使用公共资金、资产、资源罪"，① 以应对《刑法》条文应予调整但未予涵摄的社会危害性严重的浪费行为。对于不具有或者不需要特定身份的主体来说，增设"浪费罪"或者相关罪名应该是比较合适的选择。

当然，"《刑法》根据国家整体法秩序的要求机能地发挥调节社会的作用，是社会发展、实质公平正义对刑法的功能导向提出的要求，但是必须对此进行严格的限制，防止出现刑罚积极主义所隐藏的法治风险"，② 增设罪名仍需要严格遵循刑法的不得已性，严格准确把握食品浪费行为的入罪标准，而社会危害性较小的食品浪费行为仍然承担行政责任或者党内法规、纪律处分等方式，从而可以避免刑罚的滥用。同时，通过刑法预防和制裁食品浪费行为，还必须充分考虑《刑法》在应对腐败问题或者粮食安全问题等方面所采取的刑事政策，"宽严相济"作为我国基本的刑事政策仍应贯彻，在"宽"与"严"之间还应当寻找一定的平衡，互相衔接，形成良性互动。③ 此外，在刑罚选择上，考虑到食品浪费行为造成公共财物的损失或者社会财富的浪费，可以多采用财产刑，设置法人犯罪和自然人犯罪两套不同的罚金刑体系。

二、完善"食品浪费"的可操作性界定

解决食品浪费的标准问题，既是《反食品浪费法》立法的基本任

---

①周小雯. 公款挥霍浪费的刑法规制 [J]. 宁夏社会科学，2015 (4).
②悦洋，魏东. 网络平台犯罪的政策调适与刑法应对 [J]. 河南社会科学，2019 (5).
③陈兴良. 宽严相济刑事政策研究 [M]. 北京：中国人民公安大学出版社，2007：11-13.

务，更是《反食品浪费法》得以有效实施、反食品浪费执法边界厘清和反食品浪费义务主体责任厘定的基本保障。《反食品浪费法》规定了"食品"和"食品浪费"的概念，但是并没有规定"食品浪费"的标准；"明显浪费"以及"严重食品浪费"等定性表述必然给执法者和守法者造成困扰。截至目前，我国反食品浪费推进中所涉及的执法标准、执法规范等尚未建立，甚至部门之间的配合与协调还尚未系统开展，因此，反食品浪费工作很大程度上即便有《反食品浪费法》的原则性规定或者倡导性规范，也依然面临着"有法可依、无据可考"的尴尬境地。尽管"从法经济学成本收益角度看，在国家层面制定法律法规可适用于全国范围内，成本低，收效大，而各地方分别立法，不仅总体立法成本增加，而且分别立法会造成不统一问题，无形中也增加了立法成本，不利于达到立法成本收益最优化"，[①] 但是，短时间内修改和完善《反食品浪费法》可能不现实；而且，《反食品浪费法》依然面临反食品浪费所涉食品类别、食品生产经营消费等环节，因此，更为妥当且可行的方式是地方立法的完善。换言之，《反食品浪费法》及其推进给地方立法提出了明确的要求。

因此，地方立法部门应根据本地区的食品生产经营和消费地方文化、行为特征乃至生活习俗等多方面因素，对本地区各个领域和各个环节的食品浪费开展广泛调研，必要的时候可以强化区域性的立法协作，出台适应于地区不同机构（单位）、不同场所、不同环节的反食品浪费地方性立法。有关"食品浪费""明显浪费"以及"严重食品浪费"的地方立法厘定，应当综合考虑本地区不同食品、不同环节制定不同的标准规定底线标准；根据食品的分类，列举式规定不同阶段的食品浪费及其程度的底线；针对食品生产经营者，根据其生产经营规模、机械化水

---

①谢维雁，刘明君. 宪法实施的实践之维 [J]. 四川师范大学学报（社会科学版），2022（6）.

平、食品废弃物循环利用水平等规定食品浪费及其程度的底线；针对餐饮行业，根据其营业情况预估营业中的剩余，结合消费者的平均消费水平设置食品浪费及其程度的底线。

三、构建反食品浪费公益诉讼

一直以来，食品领域主要还是食品安全受到高度关注，不仅《民事诉讼法》明确规定食品药品安全领域的公益诉讼，[①]《消费者权益保护法》也有专门规定，[②] 最高人民法院还专门发布《关于审理食品安全民事纠纷案件适用法律若干问题的解释（一）》，进一步强化了食品安全领域的公益诉讼。[③] 事实上，我国的食品生产经营者众多，食品的加工制造、流通、销售等诸多环节的浪费情况非常明显，其中除了不可克服的粮食或者食品损失之外，人为性的浪费不可忽视。而食品浪费行为对社会公共利益的损失同样不能忽视，甚至有超越食品不安全事件对社会公共利益的损失之趋势。

但是，由于《反食品浪费法》出台的时间尚短，且该法颁布之时，我国主要领域的公益诉讼已经较为成熟，因此，至少到目前为止，《民事诉讼法》尚未关注食品立法方面的公益诉讼，其他法律缺少食品浪费公益诉讼的规定，实践中食品浪费公益诉讼也尚未开展。但是，从粉丝打榜投票倒奶事件，到不少网络主播为了流量依然肆意浪费食品等食品

①《民事诉讼法》第58条规定，"人民检察院在履行职责中发现……食品药品安全领域侵害众多消费者合法权益等损害社会公共利益的行为，在没有前款规定的机关和组织或者前款规定的机关和组织不提起诉讼的情况下，可以向人民法院提起诉讼"。

②《消费者权益保护法》第37条第7项规定，"消费者协会履行下列公益性职责：……（七）就损害消费者合法权益的行为，支持受损害的消费者提起诉讼或者依照本法提起诉讼"。

③最高人民法院《关于审理食品安全民事纠纷案件适用法律若干问题的解释（一）》（法释〔2020〕14号）第13条规定，"生产经营不符合食品安全标准的食品，侵害众多消费者合法权益，损害社会公共利益，民事诉讼法、消费者权益保护法等法律规定的机关和有关组织依法提起公益诉讼的，人民法院应予受理"。

浪费现状看，探索我国食品浪费公益诉讼已经非常迫切。公益诉讼中，"诉讼"是实现"公共利益"目的和保护"公共利益"的手段，而"公共利益"作为法律范畴，"既可以为表现公共财产、基础设施、环境资源等物质利益，也可以表现为国防安全、社会秩序、义务教育等抽象利益，还可以表现为法律、政策等制度利益"，"但整体而言，公共利益是那些关乎人类长远发展的根本性的整体利益，这些利益都具有不可分性"。① 反食品浪费已经成为全球维护人类生存与发展、保护自然与自然的重要内容，其"公共利益"属性已经非常清楚。

在建构食品浪费公益诉讼方面，首先是主体资格问题。为此，应赋予公众参与食品浪费公益诉讼的原告资格，包括食品行业协会、消费者保护组织等社会组织以及自然人，从而既可以及时有效地发现食品浪费并追究责任，又有利于又营造和推行"反对食品浪费是全社会共同的责任"的社会风气。同时，还应明确赋予由检察机关的食品浪费公益诉讼原告主体资格，从而"通过依法独立行使检察权，督促行政机关依法履行监督管理职责，支持适格主体依法行使公益诉权，维护国家利益和社会公共利益，维护社会公平正义，维护宪法和法律权威，促进国家治理体系和治理能力现代化"。② 食品浪费行为需要收集证据且具有专业性，还应完善检察机关的调查核实权。当然，检察机关除了应具备作为原告的主体资格外，"根据检察机关法律监督的法定职责，基于维护公共利益和社会公平正义的要求，检察机关可以也应当依法对社会组织提起民事公益诉讼予以监督，依法履行作为法律监督机关和公共利益代表的相应职责"。③ 其次是食品浪费公益诉讼的受案范围。最高人民法院在

①高志宏. 公共利益观的当代法治意蕴及其实现路径 [J]. 政法论坛，2020 (2).

②《人民检察院公益诉讼办案规则》（高检发释字〔2021〕2 号）第 2 条对此有明确的规定。

③胡卫列，王莉，刘盼盼. 充分发挥公益诉讼检察制度在生态文明建设中的职能作用——最高人民检察院第四十批指导性案例解读 [J]. 人民检察，2022 (20).

《关于审理消费民事公益诉讼案件适用法律若干问题的解释》中明确消费领域中"社会公共利益"的类型,① 尽管主要还是从消费者权益保护和食品安全的角度出发,但是,"其他侵害众多不特定消费者合法权益或者具有危及消费者人身、财产安全危险等损害社会公共利益的行为"本身所具有对食品浪费行为的包容性。当然,为了更有利于明确受案范围,未来的立法还可以针对食品浪费行为做明确的规定。再次是适当扩展食品浪费公益诉讼的诉的类型,包括禁令之诉、惩罚性赔偿之诉等。其中,禁令之诉的目的是要求食品浪费者终止食品浪费行为,因为即使原告在案件中提起诉讼,被告败诉后仍然继续实施食品浪费行为,不仅导致原告疲于诉讼甚至最终放弃,也会浪费大量的司法资源,所以禁令之诉对于制止食品浪费行为基本起不到作用。"形式意义上的消费公益诉讼指向未来,旨在防御不特定的众多消费者的合法权益(继续)遭受侵害,而惩罚性赔偿型公益诉讼指向过去,旨在剥夺不安全食品的生产经营者已经取得的不法收益。"而且,"惩罚性赔偿制度属于立法机关有意无意地在经济分析的基础上赋予具有正外部性的受害消费者的新型实体请求权,试图通过额外的诉讼收益激励消费者积极维权、尽最大可能穷尽经营者的不法收益"。② 继中共中央、国务院《关于深化改革加强

---

① 最高人民法院《关于审理消费民事公益诉讼案件适用法律若干问题的解释》(法释〔2020〕20号)第2条规定,"经营者提供的商品或者服务具有下列情形之一的,适用消费者权益保护法第四十七条规定:(一)提供的商品或者服务存在缺陷,侵害众多不特定消费者合法权益的;(二)提供的商品或者服务可能危及消费者人身、财产安全,未作出真实的说明和明确的警示,未标明正确使用商品或者接受服务的方法以及防止危害发生方法的;对提供的商品或者服务质量、性能、用途、有效期限等信息作虚假或引人误解宣传的;(三)宾馆、商场、餐馆、银行、机场、车站、港口、影剧院、景区、娱乐场所等经营场所存在危及消费者人身、财产安全危险的;(四)以格式条款、通知、声明、店堂告示等方式,作出排除或者限制消费者权利、减轻或者免除经营者责任、加重消费者责任等对消费者不公平、不合理规定的;(五)其他侵害众多不特定消费者合法权益或者具有危及消费者人身、财产安全危险等损害社会公共利益的行为"。

② 黄忠顺.食品安全私人执法研究——以惩罚性赔偿型消费公益诉讼为中心 [J].武汉大学学报(哲学社会科学版),2015 (4).

食品安全工作的意见》^①之后，2021 年，《探索建立食品安全民事公益诉讼惩罚性赔偿制度座谈会会议纪要》明确"探索建立食品安全民事公益诉讼惩罚性赔偿制度，对于维护市场秩序，保障消费者合法权益，维护社会公共利益，推动食品安全国家治理体系和治理能力现代化具有重大意义"。^② 食品浪费惩罚性赔偿之诉，在需要通过立法予以制度保障的同时，还需要明确惩罚性赔偿的计算基数、惩罚性赔偿的惩罚系数等具体可操作性规定。

第二节　反食品浪费的相关立法完善

在《宪法》等相关法律规定的基础上，《反食品浪费法》的通过无疑提供了反食品浪费的制度基础，而反食品浪费法律的有效实施和反食品浪费取得明显成效并非一朝一夕可以完成，而且，仅仅依靠《反食品浪费法》及其完善依然无法胜任，因此，相关立法及其配套制度的完善，应当成为反食品浪费的重要法律支撑。

一、反食品浪费的税法完善

消费税法完善并增设消费税新税目。"消费税是价内税，税负通过价格转嫁给消费者，影响消费成本，从而引导消费。在其他条件不变的情况下，消费税重，是寓禁于征，限制消费；消费税轻，是降低成本，

---

① 中共中央、国务院《关于深化改革加强食品安全工作的意见》，2019 年 5 月 9 日。
② 最高人民检察院、最高人民法院、农业农村部、海关总署、国家市场监督管理总局、国家粮食和物资储备局、中国消费者协会《关于印发〈探索建立食品安全民事公益诉讼惩罚性赔偿制度座谈会会议纪要〉的通知》。

鼓励消费。但鼓励消费并非鼓励所有的消费、任意的消费。"① 而消费税制度"通过调节消费行为来减少相关负外部性，既涉及人自身的发展，又涉及相关环境的发展，由此有助于改善自然环境、社会环境，促进经济与社会的整体发展。消费税制度改革应充分体现绿色发展、协调发展、创新发展等发展理念，对于违背上述发展理念的消费行为，应通过增加税收成本的手段加以限制，以体现经济性原理和规制性原理的要求"。② 也因此，2018 年 9 月，中共中央、国务院发布《关于完善促进消费体制机制　进一步激发居民消费潜力的若干意见》提出"坚持绿色发展，培育健康理性消费文化"，"提高全社会绿色消费意识，鼓励节约适度、绿色低碳、文明健康的现代生活方式和消费模式，力戒奢侈浪费型消费和不合理消费，推进可持续消费"。③ 随着生活水平的提高，在食品加工领域精深加工日益推进，但是，因为过度加工造成的食品浪费也不断增加。因此，我国应推进消费税法的完善，并在此过程中，增加食品加工领域过度加工食品的税目，比如非常典型的是"精制面粉"或者"精制大米"，同时，还可以考虑根据加工程度采用累进税率，从而更有效地发挥消费税对食品浪费的抑制并对合理、健康消费的引领。

　　鼓励食品捐赠的税法完善。税收"对促进剩余食品回收、减少食品损失具有重要意义"。④ 不管是基于《反食品浪费法》对"国家实行有利于防止食品浪费的税收政策"的规定，还是基于食品捐赠对于反食品浪费的积极效应，都有必要通过税法的完善激励食品捐赠。为此，在食品捐赠的税收优惠方面，没有必要过多地限制公益性捐赠，为了反食品

---

①罗秦. 我国促消费背景下深化消费税改革之探讨——历史回顾、国际经验与现实选择 [J]. 税务研究，2019 (6).

②张守文. 消费税制度改革的发展导向 [J]. 税务研究，2022 (3).

③中共中央、国务院发布《关于完善促进消费体制机制　进一步激发居民消费潜力的若干意见》还进一步提出"健全消费政策体系，进一步研究制定鼓励和引导居民消费的政策"，"推动消费税立法"。

④施文泼，刘佳. 食品捐赠税收优惠政策的国际借鉴 [J]. 国际税收，2022 (6).

浪费的食品捐赠本身就具有公益性。对于通过地方人民政府或者公益性非营利性组织捐赠食品的捐赠者享受税收优惠，更是如此。当然，为了防止发生食品捐赠税收优惠被滥用进而导致税款流失的风险，没有通过地方人民政府或者公益性非营利性组织而捐赠食品享受税收优惠的食品捐赠人必须接受税务部门以及社会公众的监督。对于食品捐赠的成本扣除，现行法律对公益性捐赠所得税优惠主要是应税收入的扣除优惠，且有企业年度利润总额和个人应纳税所得额的比例限制。因为食品捐赠的生产、储存甚至捐赠过程都会涉及成本的发生，为促进食品捐赠，既可以考虑允许食品捐赠者按照捐赠时食品的正常价值在应纳税所得额中扣减捐赠成本，还可以提高比例甚至对公益性捐赠取消比例的限制。

二、食品废弃物处置法律制度的完善

在法律上，基于《固体废物污染环境防治法》对"生活垃圾"的界定，[①] 地方立法的生活垃圾管理条例均对"厨余垃圾"的概念予以了明确，[②]《反食品浪费法》也采用了"厨余垃圾"的表述，[③] 而在技术上，我国垃圾管理体系采用"餐厨垃圾"。[④] 从表述看，"厨余垃圾"更多地

---

①《固体废物污染环境防治法》第 124 条规定，"生活垃圾，是指在日常生活中或者为日常生活提供服务的活动中产生的固体废物，以及法律、行政法规规定视为生活垃圾的固体废物"。

②比如《重庆市生活垃圾管理条例》第 67 条第 3 项规定"厨余垃圾，是指易腐烂的、含有有机质的生活垃圾，包括家庭厨余垃圾、餐厨垃圾和其他厨余垃圾。家庭厨余垃圾主要包括居民日常生活产生的菜帮、菜叶、瓜果皮壳、剩菜剩饭、废弃食物等易腐性垃圾；餐厨垃圾主要包括相关企业和公共机构在食品加工、饮食服务、单位供餐等活动中产生的食物残渣、食品加工废料和废弃食用油脂等；其他厨余垃圾主要包括农贸市场、农产品批发市场产生的蔬菜瓜果垃圾、腐肉、肉碎骨、水产品、畜禽内脏等"。《江西省生活垃圾管理条例》第 68 条第 1 项规定"生活垃圾，是指在日常生活中或者为日常生活提供服务的活动中产生的固体废物，以及法律、行政法规规定视为生活垃圾的固体废物"。

③比如《反食品浪费法》第 24 条规定"产生厨余垃圾的单位、家庭和个人应当依法履行厨余垃圾源头减量义务"。

④中国住房和城市建设部：《餐厨垃圾处理技术规范：CJJ184-2012》。

关注消费环节的食品废弃物，而"餐厨垃圾"还包括食品生产过程中产生的废弃物；同时，"垃圾"更多地表明废弃物被处置而不是被利用，毕竟《固体废物污染环境防治法》对"处置"和"利用"有专门的界定，"处置"即"将固体废物焚烧和用其他改变固体废物的物理、化学、生物特性的方法，达到减少已产生的固体废物数量、缩小固体废物体积、减少或者消除其危险成分的活动，或者将固体废物最终置于符合环境保护规定要求的填埋场的活动"，而"利用"是"从固体废物中提取物质作为原材料或者燃料的活动"。从反食品浪费的视角关注"餐余垃圾"，首先就应当从法律上将其概念还原为"食品废弃物"，从而关注食品从生产到消费全链条的浪费，同时，"处置"并非简单的弃置，而是进行分类，将有再循环利用价值的废弃物充分资源化，将没有任何循环利用价值的废弃物再考虑焚烧或者填埋等。

2021 年 2 月，国务院印发的《关于加快建立健全绿色低碳循环发展经济体系的指导意见》提出，"建立健全绿色低碳循环发展经济体系，促进经济社会发展全面绿色转型，是解决我国资源环境生态问题的基础之策"，要求"强化清洁生产、提高资源利用效率、发展循环经济等方面的法律法规制度"，明确"推进垃圾分类回收与再生资源回收'两网融合'，鼓励地方建立再生资源区域交易中心"。[1] 因此，"我国在解决废弃物处理问题时，既要从管制的角度，重视并完善废弃物处理的各项制度，根据废弃物回收利用的特点进行分类管理；还要应我国的实际需要，从激励的角度，鼓励相关主体采取有利于循环经济发展的生产方式"。[2] 我国虽然推行垃圾分类，但是，"从总体上看，我国生活垃圾处理模式不够科学合理，生活垃圾分类处理的流程相对粗疏。而且，随着

---

[1] 国务院《关于加快建立健全绿色低碳循环发展经济体系的指导意见》（国发〔2021〕4 号），2021 年 2 月 22 日。
[2] 吴真，李天相. 日本循环经济立法借鉴［J］. 现代日本经济，2018（4）.

生活垃圾增长速度越来越快，用于填埋垃圾的土地越来越紧张，解决生活垃圾的处置问题已经成为当前环境管理、建设生态文明的重大问题"。① 在食品废弃物方面，对于垃圾分类后的食品废弃物缺乏有层次性的回收利用，导致我国食品废弃物回收后的再利用效率较低，甚至焚烧或者填埋成为最主要的处置方式。因此，应当通过立法建立食品废弃物层级处理制度，以"减量化"作为首选，通过对食品废弃物进行计量收费，通过经济手段减少食品废弃物的产生；同时，丰富并完善食品废弃物的再利用方式。

三、临期食品规制法律制度的完善

基于特性，食品超过一定期限就可能丧失其品质。食品能维持其基本品质的期限，是食品的实际保质期，而从法律的角度要求生产经营者标明的保质期，② 是食品的标注保质期。食品的"实际保质期"和"标注保质期"，是事实和法律之间的区分。消费者基于对法律规范的信任，特别是从食品安全的角度出发可以相信在保质期内选择适当贮存方式的食品是可以安全消费的。保质期内的食品可以正常流通，过期食品则禁止流通，而临期食品在保质期内但临近食品保质期限，如果在保质期内未被消费则食品生产经营者会面临损失，而超过保质期的消费则可能发生风险乃至事故。因此，临期食品存在更不稳定的安全风险因素，对临期食品的法律规制关系到消费者的生命健康、生态环境乃至经济社会的

---

① 孙佑海，王甜甜. 解决生活垃圾处理难题的根本之策是完善循环经济法制［J］. 环境保护，2019（16）.

② 《食品安全法》第 67 条第 3 项规定，"预包装食品的包装上应当有标签。标签应当标明下列事项：（一）名称、规格、净含量、生产日期；（二）成分或者配料表；（三）生产者的名称、地址、联系方式；（四）保质期；（五）产品标准代号；（六）贮存条件；（七）所使用的食品添加剂在国家标准中的通用名称；（八）生产许可证编号；（九）法律、法规或者食品安全标准规定应当标明的其他事项。专供婴幼儿和其他特定人群的主辅食品，其标签还应当标明主要营养成分及其含量。食品安全国家标准对标签标注事项另有规定的，从其规定"。

稳定发展。

但是，面对我国当前临期食品市场的日益扩张，仍缺乏全国统一的临期食品相关立法，地方立法则主要依据《消费者权益保护法》《食品安全法》以及《反食品浪费法》制定，而且，各地存在较为明显的差异。因此，当务之急是通过立法明确临期食品的统一标准，为经营者处置临期食品、消费者购买临期食品提供基本的法律依据。在各国食品标识法律制度的发展过程中，是逐渐区分食品的最佳食用期和保质期的。我国在建构统一的临时食品立法的过程中，也可以考虑设定食品的多个日期，比如"最佳食用期"表达食品的外观、风味等品质在此之前处于最佳时期，"保质期"则从食品安全的角度表达该日期之前为安全状态。需要说明的是，法律统一设定食品的"临期"涉及食品生产经营者的合法权益与消费者利益的平衡，也关乎食品的正常流通与反食品浪费的考量，应充分考虑食品的特性。因此，现行地方立法一律以保质期前若干日简单设置临期可能未必合适，适当根据食品科学并考虑固态、液态等食品组织形态以及食品的构成，合理设置主要食品类别的"临期"，才是科学且利于实施的。

明确对食品经营者的约束和激励是临期食品法律规制的重要内容。食品经营者是临期食品流通的核心，出于对法律的遵守可能成为食品节约与食品安全的捍卫者，但是，也有可能出于对利润的追逐而成为临期食品法律规范的违反者。食品的销售者和食品的浪费者，也最有可能是食品安全与食品节约的捍卫者。因此，首先要进一步强化食品生产经营者对于"保质期"的法律义务，对此，我国《食品安全法》等法律已经有明确的规定，① 同时，应建立健全临期食品管理制度，比如临期食品销售记录，确保全部已出售的临期食品的销售日期、剩余保质期、购买人员等与临期食品相关的信息均记录在案，以备职能部门的监督与监管。其次是落实对临期食品处置不当的法律责任，比如《食品安全法》规定，② 同时强化食品生产经营者对临期食品标识的义务和法律责任。最后是完善对食品生产经营者处置临期食品的激励，毕竟"法律的首要目的是通过提供一种激励机制，诱导当事人事前采取从社会角度看最优的行动"，③ 从而引导和促进食品生产经营者强化临期食品处置的法律意识并付诸行动。

完善处置方式是临期食品法律规制的重点。临期食品尚在保质期内，但又面临保质期即将届满的境地，因此，丰富并完善处置方式，可以最大化临期食品的经济价值和社会价值。从目前的实践以及地方立法看，临期食品的处置主要包括折价销售、捐赠、供应商退回以及再回收利用、无害化销毁等。不同的处置方式，法律的关注重点也有差异。"传统的临期食品处理方式就是销售，专有货架上的特价促销或'买一

---

①比如《食品安全法》第 50 条第 2 款规定"食品生产企业应当建立食品原料、食品添加剂、食品相关产品进货查验记录制度，如实记录食品原料、食品添加剂、食品相关产品的名称、规格、数量、生产日期或者生产批号、保质期、进货日期以及供货者名称、地址、联系方式等内容，并保存相关凭证。记录和凭证保存期限不得少于产品保质期满后六个月；没有明确保质期的，保存期限不得少于二年"；第 51 条规定"食品生产企业应当建立食品出厂检验记录制度，查验出厂食品的检验合格证和安全状况，如实记录食品的名称、规格、数量、生产日期或者生产批号、保质期、检验合格证号、销售日期以及购货者名称、地址、联系方式等内容，并保存相关凭证。记录和凭证保存期限应当符合本法第五十条第 2 款的规定"；第 53 条第 2 款规定"食品经营企业应当建立食品进货查验记录制度，如实记录食品的名称、规格、数量、生产日期或者生产批号、保质期、进货日期以及供货者名称、地址、联系方式等内容，并保存相关凭证。记录和凭证保存期限应当符合本法第 50 条第 2 款的规定"。

②参见《食品安全法》第 124 条第 1 款。

③张维迎. 信息、信任与法律 [M]. 北京：生活·读书·新知三联书店，2003：66.

送一'的捆绑出售都是临期特卖热潮出现前就已经存在的"。① 而考虑到临期食品可能因为销售引发与消费者的纷争，且因为消费者未在保质期内食用导致的临期食品浪费，法律对折价销售的重点关注体现在：经营者必须以醒目的方式包括但不限于专柜等明示食品的"临期"状态，同时，引导消费者理性适度选取。对于食品经营者而言，将临期食品退回给供应商也是常用的处置方式，而供应商对临期食品的处置或者临期食品的流向就成为法律规制的重点。为此，应当建立并完善从销售商到供应商的回溯系统，供应商对退回的临期食品的处理方式便成为监督管理的重点。再回收利用则指对于难以折价销售的临期食品，为发挥食品的资源价值进行回收处理，主要是通过再加工做成能再次利用的产品，比如饲料等。因为再回收利用在相当程度上会发生价值的贬损，所以法律对此的规制重点是完善监管流程，避免再加工过程中的不法行为。就《反食品浪费法》的目的与实施来说，捐赠应当成为临期食品未来法律完善和规制的重要方式，当然，捐赠的标的物肯定不应该仅仅限于临期食品，而是强调捐赠可以最大限度地在反食品浪费和满足受赠人方面实现食品的社会功能。实践中，2022 年 11 月 28 日，中国连锁经营协会（CCFA）"正式发布行业首部《零售企业开展余量食物捐赠实践指南》，并携手会员企业发布了'加强食品运营管理，推进零售业食物浪费减量化行动倡议书'"，② 食品捐赠已经受到广泛关注。在临期食品捐赠方面，首先应确保食品安全，对此，《反食品浪费法》明确规定"县级以上地方人民政府民政、市场监督管理部门等……引导食品生产经营者等

---

①吴志红，舒孟霞. 临期食品利用的质量问题与监管研究［J］. 粮油食品科技，2022（6）.

②王小萱. 首部《零售企业开展余量食物捐赠实践指南》发布［N］. 中国食品报，2022-12-02（7）.

在保证食品安全的前提下……捐赠食品",[①] 而食品安全最直接的表现就是食品处于保质期内。但是，为了减少纷争，特别是界定食品出赠人的责任范围，临期食品的出赠人要明示食品的"临期"，《广州市反餐饮浪费条例》对此有明确的规定。[②] 尽管临期食品捐赠也会涉及出赠人的仓储、物流、人力等方面的成本，为尽可能降低出赠人的捐赠成本和畅通捐赠渠道，也为落实《反食品浪费法》规定的"捐赠需求对接机制"，可以建立专门的食品捐赠平台比较典型的如"食品银行"和食品捐赠网络，食品捐赠平台可以使各类食品生产经营者乃至个人的捐赠更加便捷，并大幅度提高捐赠效率，而食品捐赠网络通过互联网的运用，方便了解和查询捐赠食品的动向，必要时也可以提醒临期食品的保质期，保障食品出赠人的知情权和进一步降低承担责任的风险。此外，完善临期食品捐赠的激励机制也同样重要，除了以税收优惠等方式进行的经济激励外，还可以实施公布出赠人名单、表彰出赠人等方式的声誉激励。

---

①地方性法规比如《北京市反食品浪费规定》第21条第1款也规定，"本市鼓励食品生产经营者向公益慈善组织、福利救助机构等捐赠保质期内可安全食用的食品"。
②《广州市反餐饮浪费条例》第13条。

第六章　反食品浪费的社会共治

　　人类社会的演进虽然不断呈现出新的问题，但也同时提供了解决问题的动力和方案。改革开放以来，我国经济发展取得巨大成就，但面对高速发展的社会和不断变化的国际局势，我国也必将历经前所未有的制度变革。当传统的管理型政府难以完全应对时，从"管理"向"治理"的转变就成为必然。坚持在法治轨道上推进国家治理体系和治理能力现代化，就需要"坚持法治国家、法治政府、法治社会一体建设"。[①] 在社会治理方面，"推动社会治理创新"就需要"注重运用法治方式，实行多元主体共同治理"。[②] "制度转型问题、资源污染与资源约束的矛盾、既得利益主体结构调整等问题突出，建立在法治基础上的多元主体共同治理成为深化中国改革的必然"，[③] 而《食品安全法》实现了首次在法律条文中明确规定"社会共治"，[④] 为构筑反食品浪费的"全社会共同的责任"并保障其落实，社会共治也应当成为反食品浪费的必然选择并因此为《反食品浪费法》所明确规定。同时，"与不法行为概念密

---

　　①《中共中央关于全面深化改革若干重大问题的决定》，2013 年 11 月 12 日中国共产党第十八届中央委员会第三次全体会议通过。

　　②李克强：《政府工作报告——2014 年 3 月 5 日在第十二届全国人民代表大会第二次会议上的报告》。

　　③王名，蔡志鸿，王春婷. 社会共治：多元主体共同治理的实践探索与制度创新[J]. 中国行政管理，2014 (12).

　　④《食品安全法》第 3 条规定，"食品安全工作实行预防为主、风险管理、全程控制、社会共治，建立科学、严格的监督管理制度"。

切联系的是法律义务的概念",[①] "法律义务是设定或隐含在法律规范中、实现于法律关系中的，主体以相对抑制的作为或不作为的方式保障权利主体获得利益的一种约束手段",[②] 因此，反食品浪费社会共治的重要内容就是明确反食品浪费主体的义务并保障其实现。

第一节　政府对反食品浪费的引领

人类进入现代社会，"政府无法再单独面对当前社会纷繁复杂的公共服务与社会管理事务需求，因此需要把部分职能还给社会；然而社会自治能力严重不足，因此政府与社会多元主体的共治形态将是相当长时间范围内的治理选择"。[③] 因此，政府不仅是公共管理资源的拥有者，更是公共利益的代表者，在反食品浪费社会共治模式中，政府依然处于核心地位并发挥主导作用。在反食品浪费领域，行政权力配置及其运行仍然是实现社会共治的基础。

一、健全反食品浪费的政府权能体系

进一步厘清反食品浪费权责，是保障反食品浪费稳健运行的基础。《反食品浪费法》不仅规定了地方人民政府的领导职责，而且明确了各部门的基本权责，比如发展改革部门对"反食品浪费工作的组织协调"、商务主管部门对"餐饮行业的管理"、食品监督管理部门对"食品生产经营者反食品浪费情况的监督"、粮食和物资储备部门对"粮食仓储流

---

①〔奥〕汉斯·凯尔森.法与国家的一般理论［M］.沈宗灵，译，北京：商务印书馆，2016：104.

②张文显.法哲学范畴研究［M］.北京：中国政法大学出版社，2001：309.

③蓝煜昕.社会共治的话语与理论脉络［J］.中国行政管理，2017（7）.

通过程中的节粮减损管理"以及教育行政部门对"学校加强反食品浪费教育和管理"的指导与督促等。但是在反食品浪费法律落实的过程中，各部门、各行业仍需要进一步针对工作职责范围内存在的食品浪费问题细化权责，避免出现反食品浪费的环节漏洞或者权责重叠等监管领域很容易发生的问题。"权力的行使常常以无情的不可忍受的约束为标志；在它自由统治的地方，它易于造成紧张、摩擦和冲突。"①在监管领域更是如此，甚至"监管者自觉和不自觉地越权、不作为、程序瑕疵和不公正行使等滥用监管权的行为提供了可乘之机，监管者谋私、腐败的事例屡屡出现"，②在自由裁量权方面，"一旦这种自由裁量权被肆意滥用，受这种行为侵损的个人就应当具有某种方式以求助于公正的法庭"。③反食品浪费工作本身可能"看起来天大、做起来琐碎"，完善对监管者的监管同样需要高度重视，否则，反食品浪费法律的施行可能受到直接影响。从目前的立法看，尽管相关法律已经在普遍意义上涉及反食品浪费机关及其人员的法律责任，但是，在反食品浪费领域仍显得捉襟见肘。有地方立法对此有所涉及，比如，《天津市反食品立法若干规定》，④甚至强化公职人员的义务，⑤但是，《反食品浪费法》并未明确规定。因此，在进一步厘清相关监管机构在反食品浪费职责分工的基础上，要完善我国反食品浪费行政责任⑥的体系，明确区分领导责任和直接负责人责任、个人责任和集体责任，并进行完善和强化责任追究机

①〔美〕E. 博登海默. 法理学：法律哲学与法律方法［M］. 邓正来，译. 北京：中国政法大学出版社，1999：344.

②盛学军. 监管失灵与市场监管权的重构［J］. 现代法学，2006（1）.

③〔美〕E. 博登海默. 法理学：法律哲学与法律方法［M］. 邓正来，译. 北京：中国政法大学出版社，1999：385-386.

④《天津市反食品浪费若干规定》第 28 条。

⑤《天津市反食品浪费若干规定》第 29 条。

⑥学界对行政责任的界定尚有分歧，笔者采"行政责任是指行政法律关系主体因违反行政法律规范所应当承担的法律后果或应负的法律责任"之界定，见罗豪才. 中国行政法教程［M］. 北京：人民法院出版社，1996：326.

制，确保反食品浪费机构和人员在行政责任的约束下恪尽职守并进行有效的协调和配合。

加强反食品浪费的部门协调联动是反食品浪费顺利推进的重要机制。《反食品浪费法》明确规定政府及其主管部门的职责，但职责的运行并非相互独立，而是需要各部门积极协调和联动，共同采取行动执行落实。有建议参考日本经验，"由发改、农业、环保、市场监管多部门联合成立专门的反食物损失和浪费行动委员会"。① 尽管完善反食品浪费的部门协调可能面临一些现实的困难，但是，加强部门之间的沟通是完全必要的，因此，在我国已经初步构建粮食节约和反食品浪费的法律和部门职责的基础上，打破部门管理壁垒和工作惯性，通过联席会等方式，协同推进反食品浪费的运行仍显得非常紧迫。同时，为推进反食品浪费的部门协调，需要搭建执法反食品浪费联动平台，从而互通反食品浪费信息和整合多方资源，以此加强各部门信息互融互通，也能避免在反食品浪费过程中因信息障碍导致的重复或过度运行。

此外，反食品浪费常态化运行是反食品浪费久久为功的关键。我国在相关领域执法的专项整治确实可以在短期内产生明显成效，但是，"在专项整治活动中，政府在短期内最大限度地动用行政管理资源，采取疾风骤雨般的执法方式"，其运动性特征显而易见，具有"运动式"治理的性质。② "在许多国家对市场进行大规模的暴风骤雨式的运动式管理是普遍常见的。但这种方式容易造成宽严失当的越权管理"。③ 因此，"运动式执法自始是以法治精神的流失为代价的，它所弥漫的是一种宽猛相济的人治原则，而不是一断于法的法治原则。这样一来，依法

---

① 牛坤玉，申宇哲，刘静，等. 反食物损失和浪费：日本经验与镜鉴 [J]. 自然资源学报，2022 (10).

② 王大鹏. "专项整治"常规化反思 [J]. 南风窗，2007 (18).

③〔美〕西蒙·库兹涅茨. 现代经济增长 [M]. 戴睿，易诚，译. 北京：北京经济学院出版社，1989：289.

办事就成了反常，而违法、犯法却成为经常，弱化了法律的权威，破坏了法律的尊严和形象，从而使公民失去对法律的基本信任"。① 反食品浪费工作因为非常繁杂且任务艰巨而需要持之以恒地发力，因此，我国反食品浪费需要政府及其职能部门把反食品浪费纳入日常工作体系、建立常态化的实施机制和考评机制。当然，需要明确的是，反食品浪费工作可能与其他行政执法存有明显的区别。尽管法律责任仍然非常重要，但是，《反食品浪费法》不以惩罚食品浪费行为主体为主要目的，而是以"防止食品浪费，保障国家粮食安全，弘扬中华民族传统美德，践行社会主义核心价值观，节约资源，保护环境，促进经济社会可持续发展"为目的。因此，反食品浪费工作的开展，应特别明确其包容性和审慎性，从而推动形成各反食品浪费主体普遍接受的教育型工作方式。

二、完善反食品浪费的政府作为

在国家发挥职能的过程中，如果以政府规制为主，未必可以实现预期效果，② 但是，反食品浪费依然不能放弃国家规制，当然，改进和丰富反食品浪费行政职权的行使方式极有必要。

首先，需要进一步完善反食品浪费的行政处罚。随着《反食品浪费法》的实施，各地也开展了相关的执法活动，国家市场监管总局先后发布了两批次典型案例（见表 6-1）。从这些典型案例也大致可以发现，对于食品浪费行为的处罚主要还是责令改正、警告、罚款等类别，且多数违法者存有再次违法行为。尽管"行政处罚权的行使主体（主要是行政主体）不应呈现高高在上的管制者形象，而是相对人合法权益的保护者角色，设定和实施行政处罚时，应保持应有的谦逊、谨慎和温和，避免处罚过于刚性和强势"，而且，"行政处罚作为秩序行政的重要方式，其

①陇夫. 向"运动式执法"说不 [M]. 济南：山东人民出版社，2003：6.
②高秦伟. 社会自我规制与行政法的任务 [J]. 中国法学，2015（5）.

适用在所难免，因此，需要明确处罚适用中的谦抑理念，亦即处罚的恰当观念，通俗地说，就是处罚适用应恰到好处，防止过度处罚，保障处罚的公平和效能"，① 但是，为保障行政处罚恰到好处从而实现处罚的公平和效能，在《反食品浪费法》领域确实还有改进的必要，毕竟"作为行政处罚的本质属性，惩罚性乃是行政处罚区别于其他行政措施的关键特征"，"克减权益是惩罚性的应有之义，否则，行政处罚将徒有其名"。② 对目前食品浪费的行为，行政处罚还主要存在于餐饮领域，且法律缺乏吊销许可证、责令停产停业等相对较重的处罚方式，对于食品浪费数量巨大的生产经营者来说，罚款的额度也过低，不足以震慑相关主体。因此，在界定清楚"明显浪费"以及"严重浪费"的基础上，对于食品生产经营者应当完善责令停产停业、吊销许可证或者营业执照等处罚方式，对于浪费行为的直接责任人员，可以增加拘留等惩戒措施。当然，"处罚与教育相结合"是行政处罚的法定原则，我国《行政处罚法》对此有明确的规定。③ "教育既是处罚的前置性原则，也是其应然性目的和替代性措施。"④ 在反食品浪费执法过程中，教育的终极目的是以食品生产经营者为本位展开的，通过教育可以从本质上实现食品生产经营者对食品浪费违法行为的悔悟认知与再犯抵制，促使修正其行为准则与价值观念，帮助其更好地理解反食品浪费的社会价值并因此反思自我和提升自我，成为自觉践行反食品浪费的行动者。当然，"法律只能在毫不脱离民众生活实际的情况下才能实现其效力，否则民众就会拒

---

① 邓佑文. 谦抑理念在行政处罚中的展开 [J]. 法学，2022 (10).

② 邹奕. 行政处罚之惩罚性的界定 [J]. 行政法学研究，2022 (2).

③《行政处罚法》第6条规定，"实施行政处罚，纠正违法行为，应当坚持处罚与教育相结合，教育公民、法人或者其他组织自觉守法"；第33条规定，"违法行为轻微并及时改正，没有造成危害后果的，不予行政处罚。初次违法且危害后果轻微并及时改正的，可以不予行政处罚。当事人有证据足以证明没有主观过错的，不予行政处罚。法律、行政法规另有规定的，从其规定。对当事人的违法行为依法不予行政处罚的，行政机关应当对当事人进行教育"。

④ 江国华，孙中原. 论行政处罚制度中的教育措施 [J]. 学习与实践，2022 (11).

绝服从它"，[①] 教育必须与处罚相结合，从而共同构建以预防、纠正、制裁等理念为指导的关怀性反食品浪费执法，从而因为更贴近社会生活与民众观念而被普遍认同和接受。

表 6-1　国家市场监管总局公布的反食品浪费行为典型案例（第一批[②]、第二批[③]）

相对人	时间	违法行为	处罚
宁夏全诚热辣餐饮有限公司	2022.01.18	存在诱导、误导消费者超量点餐造成明显食品浪费的行为	责令立即改正，警告
	2022.01.30	未按整改要求主动对消费者进行防止食品浪费提示提醒	罚款 3000 元
温州新零商贸有限公司	2022.04.18	将"倒掉损毁食品"作为消费者申请换货或者退款的前提条件，造成严重的食品浪费	责令立即改正
河南鸿霖餐饮有限公司	2021.11.22	经营及就餐场所未张贴、摆放有反食品浪费标识和提示超量点餐标识，用餐已结束的一包间餐桌上摆放的剩菜明显过度浪费	责令改正，警告
	2021.12.02	未改正上述违法行为	责令改正，罚款 2100 元
上海小贝壳餐饮管理有限公司	2021.10.26	发布了含有"挑战全家牛大碗半小时内吃完即可享受价值 98 元牛大碗免单"等广告内容的视频链接；多名顾客参与了此项活动，并且造成大量浪费	责令停止发布违法广告，罚款

①〔德〕拉德布鲁赫. 法学导论 [M]. 米健，译，北京：法律出版社，2012：2-3.
②李翔. 市场监管总局集中公布一批食品浪费违法行为典型案例 [N]. 中国市场监管报，2022-10-29（A1）.
③周南. 第二批制止食品浪费行政处罚典型案例公布 [N]. 中国市场监管报，2023-02-15（A1）.

相对人	时间	违法行为	处罚
平潮镇银龙农庄	2021.11.09	经营场所内未发现有反食品浪费标识，也未主动对消费者进行防止食品浪费的提示提醒。同时，发现两个包厢客人就餐结束后，剩余菜肴较多，造成食品浪费	责令立即改正
	2021.11.15	仍然存在诱导或误导消费者超量点餐的情形，导致包厢客人就餐结束后，剩余大量菜肴	罚款1000元
钟村美记小吃店、钟村张宇军饮食店	2022.11.04—05	未在经营场所内的醒目位置张贴、摆放反餐饮浪费标识标牌	责令立即整改，警告
	2022.12.07—08	未对上述违法行为进行整改	罚款
巴旺子外婆菜餐饮店	2023.01.03	在销售菜品过程中，存在诱导、误导消费者超量点餐、造成食品浪费的违法行为	责令立即整改，警告
	2023.01.06	仍存在诱导、误导消费者超量点餐的行为	罚款2000元
水韵饭店	2022.11.15	当事人未主动提示提醒消费者，造成食品浪费	责令立即改正
	2022.11.23	仍然存在诱导、误导消费者超量点餐的情形，致使消费者就餐结束后，剩余大量菜肴	罚款1000元
龙凤大酒店	2022.12.01	利用为消费者安排菜品的机会，诱导消费者超量点餐	责令立即改正，警告
	2022.12.08	诱导投诉人最终购买788元/桌的酒席套餐，造成菜品大量浪费	罚款1000元
鹦鹉饭店	2022.12.01	未在其经营场所醒目位置张贴或者摆放反食品浪费标识，未主动对消费者进行防止食品浪费提示提醒，造成明显的食品浪费	责令立即改正，警告
	2023.01.31	未改正以上违法行为	拟处罚（截止公布之日）

　　其次，完善反食品浪费的行政协议。"在人类管理公共事务的历史上，行政协议的运用使人类找到通往善治的阶梯，实现了治理方式的刚柔并举，使公民有序参与政治、人人皆享治权在技术上成为可能，也可借此破解'主仆关系'名实难副的千古难题"，① 而"行政协议不同于行政命令、行政处罚、行政强制等强制性行政行为，它的平等、自愿、有偿、柔性的优势恰恰体现了合同的本性"，"我国政府实施行政管理的方式从传统的单方命令、处罚、强制到更多地采取以双方合意为基础的协议方式，是中国国家治理和政府治理走向现代化和法治化的体现"。② 而且，"行政协议作为国家治理的一种新型方式，正通过国家立法不断地扩大它的适用范围"。③ 尽管《行政诉讼法》对有关行政协议案件没有作出明确规定，但是，最高人民法院《关于审理行政协议案件若干问题的规定》（法释〔2019〕17 号）不仅明确"行政协议"为"行政机关为了实现行政管理或者公共服务目标，与公民、法人或者其他组织协商订立的具有行政法上权利义务内容的协议"，而且进一步充实了行政协议的类型，④"其他行政协议"则为反食品浪费行政协议提供了制度的接口，而 2022 年 10 月公布的《中华人民共和国行政复议法（修订草案）》已经将"行政协议"纳入行政复议的审查范围。在反食品浪费领域，由政府与相关反食品浪费主体特别是食品生产经营者签订反食品浪费行政协议，通过税收、财政补贴或者其他扶持政策，促使食品生产经营者主动避免食品浪费，政府将责任风险转移到食品生产经营者一方，

　　① 江必新. 中国行政协议法律制度：体系、内容及构建 [J]. 中外法学，2012 (6).
　　② 胡建淼. 对行政机关在行政协议中优益权的重新解读 [J]. 法学，2022 (8).
　　③ 章剑生. 行政协议复议审查的范围、规则与决定方式 [J]. 法律科学，2023 (2).
　　④ 最高人民法院《关于审理行政协议案件若干问题的规定》（法释〔2019〕17 号）第 2 条规定，"公民、法人或者其他组织就下列行政协议提起行政诉讼的，人民法院应当依法受理：（一）政府特许经营协议；（二）土地、房屋等征收征用补偿协议；（三）矿业权等国有自然资源使用权出让协议；（四）政府投资的保障性住房的租赁、买卖等协议；（五）符合本规定第一条规定的政府与社会资本合作协议；（六）其他行政协议"。

食品生产经营者利用资本、人员或者技术等自身优势开展反食品浪费活动，从而建立起政府与责任主体"利益共享、风险共担"的共同体。"行政协议制度的发展，可能不宜被简单化约为交易关系的'高权化'，而更应被视作在政府与市场主体、社会主体的合作过程中公法与私法规范体系的深度融合，其目标乃在于既充分调动市场主体及社会主体的积极性，又始终确保公共利益能够得到持续且恰当的维护"。① 在反食品浪费行政协议实施过程中，反食品浪费行政部门对食品生产经营者通过定期、不定期检查等方式加强反食品浪费管理，对于不履行协议的食品生产经营者，可以采取解除协议、取消给予食品生产经营者的激励措施或者施以严格的处罚。

再次，完善反食品浪费的行政指导。"行政指导是伴随着经济的发展、社会的进步以及政府管理理念的转变。"② 反食品浪费的法律实施时间不长且内容较为笼统和宽泛，加上反食品浪费涉及领域众多，即便完善的反食品浪费法律制度也依然无法穷尽食品浪费的全部细节，因此，有限的反食品浪费法律规范与繁多的食品浪费现实之间必然存在诸多空白区域。行政指导可以弥补反食品浪费领域法律的不足，从而充实对食品浪费行为的规制。当然，"基于行政指导的行政行为本质要确立重结果的新型指导理念，即以有效实现行政目的作为立足点，通过改善指导的手段和方法来为有效实现目的服务，而不是因突出指导手段方法的非强制性特点，放松对达成目的的要求"，"重结果的行政指导要以追求指导效果为目标加强指导的针对性，探索和创新有效的指导方法，着力实现行政相对人积极响应的社会效益"。③ 在反食品浪费行政指导的实施中，政府应非强制性地引导相关主体经济参与到反食品浪费行动

---

①陈天昊. 行政协议变更、解除制度的整合与完善 [J]. 中国法学，2022 (1).
②孙萍，邓小川. 论我国行政指导的诉讼救济 [J]. 辽宁大学学报（哲学社会科学版），2019 (5).
③方世荣，谭冰霖. 论促进公民低碳行动的行政指导 [J]. 法学，2014 (2).

中，从而避免强制或者变相强制相对人接受行政指导。说明反食品浪费行政指导的依据和内容，公开反食品浪费行政指导的过程，最大限度地争取相对人理解反食品浪费行政指导的内容，并转化为其自觉的行动。同时，在反食品浪费行政指导过程中，行政机关恪守职责范围，厘清职责边界，保证相对人的权利，从而避免越权指导或者错误指导所导致反食品浪费行政指导异化或丧失其基本功能。

另外，完善反食品浪费的行政奖励。"在行政法治中，行政秩序的形成和行政相对人行为规范化的实现通常有两个路径"："一是强迫型路径，即行政主体以国家强制力为后盾，实施行政强制、行政处罚等制裁性行政行为。即便在法治发达国家，该路径也是不可或缺的"；"二是激励型路径，即行政主体通过承诺或者实际给予行政相对人一定的利益，使行政相对人支持行政秩序、服从行政管理、配合行政执法"。① 而"行政奖励是国家行政机关为了鼓励先进，鞭策后进，激励人们奋发向上，积极为国家和人民做贡献，而对于严格遵纪守法、认真完成国家计划和任务，在一定领域为国家和人民做出了重要贡献的先进单位和先进个人所给予的精神鼓励和物质鼓励"。② 因此，区别于市场的自发调节和简单的"命令—服从"管理，行政奖励在相当程度上是一只"看得见的手"，成为政府超越市场机制引导经济社会发展的重要手段。在反食品浪费领域，针对消费者的食品浪费行为，基于反食品浪费公共目标选择与个体权益维护的平衡，难以甚至不应该规定过分严苛的法律责任。反食品浪费行政奖励通过物质、精神或者其他权益的奖励，调动食品消费者以及食品生产经营者实现反食品浪费的积极性、主动性和创造性，从而实现反食品浪费的引导、鼓励目的，营造"厉行节约，反对浪费"的社会氛围。对食品生产经营者来说，通过反食品浪费行政奖励可以引

①关保英. 疫情防控中行政奖励制度的构建 [J]. 中州学刊，2020（4）.
②姜明安. 行政法概论 [M]. 北京：北京大学出版社，1986：226.

导其节约粮食、最大限度地避免食品浪费；对于食品消费者来说，反食品浪费行政奖励也可以提供其拒绝食品浪费的动力。我国反食品浪费的地方立法已经初步搭建了反食品浪费行政奖励的制度基础，比如《北京市反食品浪费规定》规定。① 而减少反食品浪费法律实施阻力的一个重要途径就是完善反食品浪费行政奖励。为此，一方面需要完善相关法律，实现反食品浪费行政奖励的主体法定、设定法定、实施法定；另一方面，反食品浪费行政奖励应当公开进行，因为公开进行不仅可以保障反食品浪费行政奖励的合法性和强化反食品浪费行政部门对奖励的履行，还可以弘扬反食品浪费的社会风气。

三、落实反食品浪费监测评估

"考虑到餐饮业时空分布的广泛性，如何开展'技术上可行、经济上合理'的餐饮业食物浪费监测是目前反食品浪费执法实践亟需明确的首要工作"，② 不仅如此，科学监测和评估全链条食品浪费情况是反食品浪费的必要与首要基础工作。《反食品浪费法》中明确规定开展食品浪费监测评估的责任部门主要包括县级以上地方人民政府、国务院发展改革部门、机关事务管理部门、国务院商务主管部门以及食品、餐饮行业协会（见表6-2），"依法监测、调查和评估的对象不仅包括生产、储运、加工、消费等诸多环节，还涉及餐馆、食堂、家庭等多种场景，其浪费主体多样，浪费产物多样，浪费成因复杂，浪费形式也各不相同"。③ 此外，在反食品浪费落实方面，《反食品浪费法》还规定了国家

---

①《北京市反食品浪费规定》第23条。

②张盼盼，张丹. 中国餐饮业食物浪费监测关键指标研究 [J]. 自然资源学报，2022（10）.

③张丹，吴良. 基于图像法的食品浪费监测和调查方法——以北京典型食堂为例 [J]. 自然资源学报，2022（10）.

的营养监测状况并为引导科学饮食习惯提供依据,[①] 学校对用餐人员数量、结构进行监测、分析和评估,从而加强学校食堂餐饮服务管理和减少浪费。[②]

表 6-2 《反食品浪费法》规定的食品浪费监测评估体系

主体	内容
各级人民政府	食品浪费情况
国务院发展改革部门（会同有关部门）	食品浪费情况
国务院商务主管部门	反食品浪费情况
机关事务管理部门（会同有关部门）	食堂反食品浪费工作成效
食品、餐饮行业协会等	有关反食品浪费情况

《反食品浪费法》颁布之后,粮食损失及食品浪费监测评估相关的政策性文件也陆续发布。2021 年 5 月,国家发展改革委办公厅印发《全链条粮食节约减损工作方案》,对"粮食生产、储存、运输、加工、消费全链条节约减损工作进行整体部署"。2021 年 10 月,国务院印发《2030 年前碳达峰行动方案》(国发〔2021〕23 号),明确"坚决遏制奢侈浪费和不合理消费,着力破除奢靡铺张的歪风陋习,坚决制止餐饮浪费行为"并提出"扎实推进生活垃圾分类,加快建立覆盖全社会的生活垃圾收运处置体系"。2021 年 10 月,中共中央办公厅、国务院办公厅印发了《粮食节约行动方案》,要求"到 2025 年,粮食全产业链各环节节粮减损举措更加硬化实化细化,推动节粮减损取得更加明显成效,节粮减损制度体系、标准体系和监测体系基本建立"。2021 年 11 月,国

[①]《反食品浪费法》第 25 条:"国家组织开展营养状况监测、营养知识普及,引导公民形成科学的饮食习惯,减少不健康饮食引起的疾病风险。"

[②]《反食品浪费法》第 9 条第 1 款:"学校应当对用餐人员数量、结构进行监测、分析和评估,加强学校食堂餐饮服务管理;选择校外供餐单位的,应当建立健全引进和退出机制,择优选择。"

家发展改革委办公厅、商务部办公厅、市场监管总局办公厅、粮食和物资储备局办公厅共同印发了《反食品浪费工作方案》（发改办环资〔2021〕949 号），要求商务部等部门按职责分工负责"开展反餐饮浪费政策效果评估。指导餐饮行业协会对 餐饮浪费情况进行监测，加强分析评估。督促餐饮行业协会每年 向社会公布有关反餐饮浪费情况及监测评估结果"，国家发展改革委牵头、各有关部门按职责分工负责"明确反食品浪费目标任务，建立健全反食品浪费工作机制和监督检查机制，对食品浪费情况进行监测、调查、分析和评估"，"各专项工作牵头部门要提出年度目标任务和落实措施，评估本领域食品浪费情况，及时总结工作进展和成效"，商务部等部门按职责分工负责"开展反餐饮浪费政策效果评估。指导餐饮行业协会对餐饮浪费情况进行监测，加强分析评估。督促餐饮行业协会每年向社会公布有关反餐饮浪费情况及监测评估结果"。

《反食品浪费法》及相关文件颁布后，部分环节或者地区的监测评估工作已经开始启动。例如，国家发改委、商务部和国家机关事务管理局等部门积极构建各自领域全国的监测和评估体系。北京市于 2022 年3 月启动食品浪费监测、调查、统计工作公开比选，并计划 2022 年 11 月完成北京市关键环节和重点场所食品浪费调查及评估工作。各省、直辖市、自治区以及各个反食品浪费相关部门也在加快食落实食品浪费监测与定量相关工作，其中，成效较为显著的是机关食堂，反食品浪费工作成效评估和通报在全国各地普遍展开。

应该说，食品浪费的监测和评估涉及领域众多，从立法到政策再到行动，已经建立了初步架构。但很遗憾的是，即便《反食品浪费法》有"县级以上地方人民政府应当每年向社会公布反食品浪费情况"[①] 或者

---

①《反食品浪费法》第 4 条第 2 款规定"县级以上地方人民政府应当每年向社会公布反食品浪费情况，提出加强反食品浪费措施，持续推动全社会反食品浪费"。

食品、餐饮行业协会等"每年向社会公布有关反食品浪费情况及监测评估结果"① 等明确要求，但是，在《反食品浪费法》实施即将满两年之际，依然未发现有相关公布。而且，"为了推动食物浪费的减量，亟需构建覆盖全国的、系统性的监测和评估体系并实现食物浪费的定量监测与评估"。② 因此，为实质性地保障反食品浪费的展开，并接受社会的监督，相关责任主体应当严格落实《反食品浪费法》的规定。在财政投入保障食品浪费监测评估顺利开展的同时，建立食品浪费信息披露平台既是对公众知情权的保障，更是对食品生产经营者和消费者反食品浪费的警醒。

第二节　生产经营者对反食品浪费的遵从

在反食品浪费领域，食品生产经营者应当承担反食品浪费的义务，在法律的范围内强化自我规制，并内化为社会责任的积极担当，从而规范食品生产经营行为。然而，"虽然生产经营者社会责任理念在我国获得了广泛认同，但在实践中，仍有大量生产经营者依旧以利润最大化为导向，无法将社会利益和经营者利益相统一，进而损害其他利益相关人的权益"，因此，除了食品生产经营者应依法承担法律责任外，"国家可通过自我规制情况建立一定的黑名单制度，将屡教不改、自我规制状况长期不见好转的经营者加入黑名单，这不仅能够促使食品生产经营者更

①《反食品浪费法》第19条第2款规定"食品、餐饮行业协会等应当开展食品浪费监测，加强分析评估，每年向社会公布有关反食品浪费情况及监测评估结果，为国家机关制定法律、法规、政策、标准和开展有关问题研究提供支持，接受社会监督"。

②吴良，张丹，成升魁.中国反食物浪费监测与评估体系建设［J］.自然资源学报，2022（10）.

严格地执行自我规制，也能提醒消费者"。①

一、强化反食品浪费的社会责任

在竞争的环境下，食品生产经营者的自我利益成为其存在和发展的基本导向，也因此促成其利润追逐的机会主义倾向，甚至不惜以违法犯罪、损害他人和社会利益而成就自身的利益。因此，"从经济角度看，违法成本的高低，往往决定着守法者的多寡"，"企业道德的血液，从来不是与生俱来的，只有严格执法才能迫使企业遵纪守法"。② 但是，不惜代价地逐利必然承受惨重的代价。随之，利益相关者理论应运而生，而根据利益相关者理论，食品生产经营者的利益相关者是指受食品生产经营者影响的个人或团体，包括食品生产经营者的投资人、雇员、债权人、消费者、供应商以及同业竞争者，也包括政府部门、居民、社区乃至环境等受食品生产经营者直接或间接影响的团体。利益相关者理论明确了社会责任的对象和内容，为社会责任的评价提供理论指导。"企业社会责任性质的经济责任论、道德责任论、法律责任论和超越法律责任论、综合责任论等本身都是合乎逻辑的"，③ 但是，经由实践的发展，"企业社会责任，乃指企业在谋求股东利润最大化之外所负有的维护和增进社会公益的义务"④ 得到了较为普遍的认同，"对'超越法律'的企业社会责任活动进行法律规制，体现着现代社会立法中'道德法律化'与'法律道德化'相融、合流的一种趋势"。⑤ 我国《公司法》对所有公司都提出了"承担社会责任"的要求，⑥《民法典》也予以了相

①邓刚宏. 食品生产经营者自我规制模式的构建 [J]. 政治与法律，2019 (3).

②鲁平. 如何才能催生道德血液 [N]. 人民日报，2011-04-19 (10).

③蒋建湘. 企业社会责任的性质 [J]. 政法论坛，2010 (1).

④卢代富. 国外企业社会责任界说述评 [J]. 现代法学，2001 (3).

⑤周林彬，何朝丹. 试论"超越法律"的企业社会责任 [J]. 现代法学，2008 (2).

⑥《公司法》第5条第1款规定，"公司从事经营活动，必须遵守法律、行政法规，遵守社会公德、商业道德，诚实守信，接受政府和社会公众的监督，承担社会责任"。

应的规定，① 而在食品领域，《食品安全法》也专门规定了食品生产经营者的社会责任。② 因此，食品生产经营者不仅应当服务于投资人从而赚取利润实现投资目的，在反食品浪费领域，食品生产经营者还应当考虑其浪费行为对消费者、居民、社区以及环境的影响。

食品生产者、运输者、储存者、销售者等食品供应链上的环节与食品生产经营者共同决定了反食品浪费的重要成效，而任何环节的食品浪费或者所有环节的食品浪费叠加都不容小觑，因此，食品生产经营者必然成为反食品浪费的责任主体。尽管食品生产经营者以营利为目的而持续从事食品生产经营行为，但必须自觉遵守包括反食品浪费法律在内的法律法规，否则，就要承担相应的法律责任。但是，外在的约束总是存有疏漏，如果不内化为食品生产经营者的自觉行动，反食品浪费就很难成为规范。食品生产经营者对食品的浪费会影响当地、所在国家的经济社会可持续发展，同时食品生产经营者因食品浪费对环境造成的污染会损害社区居民的身心健康甚至危及生命。食品生产经营者应强化环境保护和资源节约意识，通过人力或者资本的投入以及技术的改进，最大限度地合理利用粮食和充分发挥食品的功能，尽可能地避免或者降低食品浪费。因此，食品生产经营者应承担反食品浪费的社会责任，并接受政府的管理和监督。

当然，食品生产经营者反食品浪费社会责任需要得到落实，不然就可能沦落为口号。为此，一方面，需要强化反食品浪费法律的实施，促使食品生产经营者将预防和制止食品浪费内化到生产经营之中，并为此培育反食品浪费的理念和文化，建立健全反食品浪费的经营管理制度，

---

①《民法典》第86条规定，"营利法人从事经营活动，应当遵守商业道德，维护交易安全，接受政府和社会的监督，承担社会责任"。

②《食品安全法》第4条第2款规定，"食品生产经营者应当依照法律、法规和食品安全标准从事生产经营活动，保证食品安全，诚信自律，对社会和公众负责，接受社会监督，承担社会责任"。

通过制度运行和业绩评价等多种方式实现其履行反食品浪费社会责任的自觉性。食品生产经营者都应当在积极履行法律所规定的义务的同时，把反食品浪费作为生产经营决策的约束标准，融粮食安全、社会安全和生态利益于生产经营的全部环节。"没有任何东西是纯粹属于你自己的，社会或作为其利益代表的法律与你如影随形。在任何地方社会都是你的伙伴，希望与你分享你所拥有的一切：你自身、你的劳动力、你的身体、你的孩子以及你的财富。"① 食品生产经营者既是经济主体，在为社会提供服务和产品的过程中获得利润，又是社会主体，其生产经营不再局限于经济行为，同时又是社会行为，应当遵守关系到社会安全和发展的基本道德要求，积极履行作为社会成员应当履行的基本操守。

另一方面，食品生产经营者对社会责任信息的披露应当成为食品生产经营者接受消费者、居民、社区等利益相关者监督并赢得其信任的制约机制。"社会责任信息披露具有沟通效应，可以降低信息不对称程度，当今信息革命和互联网公司为社会责任披露提供了有力的数据支持"，"社会责任信息披露将使公司和管理者面临压力，促进企业对自己的行为负责，迫使其考虑非股东成员的利益，有助于投资者和社会公众利用这样的信息关注公司社会责任政策的执行情况"。② 食品生产经营者通过官方、第三方或者自主披露的反食品浪费社会责任信息，可以改善信息不对称所导致的市场失灵的情况，增强利益相关者对食品生产经营者的了解，树立良好的市场形象和社会形象，从而在反食品浪费领域表现良好的食品生产经营者因为赢得利益相关者的信任而获得货币以及其他方式的支持，并因此形成反食品浪费的良性机制。

---

① 朱庆育. 意志抑或利益：权利概念的法学争论 [J]. 法学研究，2009 (4).
② 施天涛.《公司法》第 5 条的理想与现实：公司社会责任何以实施？ [J]. 清华法学，2019 (5).

二、健全食品浪费黑名单的约束

"信用是行为期待可能性的外在公共性评价信息，起到使社会交往理性化的作用。它与法治的结合，走出了传统剩余物偶然交换的自然经济，成为现代经济增长与市场发展的制度基础。"[①] 我国在推行社会信用体系建设方面已经迈出了坚实的步伐。《社会信用体系建设规划纲要（2014—2020 年）》（国发〔2014〕21 号）提出"提高商务诚信水平是社会信用体系建设的重点"并"构建守信激励和失信惩戒机制"。国务院《关于建立完善守信联合激励和失信联合惩戒制度加快推进社会诚信建设的指导意见》（国发〔2016〕33 号）提出"健全社会信用体系，加快构建以信用为核心的新型市场监管体制，有利于进一步推动简政放权和政府职能转变，营造公平诚信的市场环境"并"健全约束和惩戒失信行为机制"。国家发展改革委、国家食品药品监管总局、中国人民银行、中央宣传部、中央文明办、中央网信办、最高人民法院、最高人民检察院等 28 个部门联合发布《关于对食品药品生产经营严重失信者开展联合惩戒的合作备忘录》（改财金〔2016〕1962）明确"联合惩戒对象为食品药品监督管理部门公布的存在严重失信行为的食品（含食品添加剂）、药品、化妆品、医疗器械生产经营者"。其中的"黑名单"，[②] 尽

---

①王若磊. 信用、法治与现代经济增长的制度基础［J］. 中国法学，2019（2）.

②严格意义上，"黑名单"不是一个法律术语，在行政机关、司法机关、行业协会等多个领域内并存，不同领域的"黑名单"有不同的表述，比如"严重违法失信行为人名单""失信被执行人名单""重大违法案件信息公布名单"等，建立主体不同和设定的标准也不同。在规范性文件领域，目前主要有国家食品药品安全监督管理总局《药品安全"黑名单"管理规定（试行）》、国家体育总局《体育市场黑名单管理办法》、国家文化和旅游部《全国文化市场黑名单管理办法》和《旅游市场黑名单管理办法（试行）》、国家人力资源社会保障部《拖欠农民工工资"黑名单"管理暂行办法》等直接使用了"黑名单"。

管仍面临性质的争议，^① 但因其"不仅是实施后续失信惩戒措施的前置构成要件，其本身也会对当事人权益产生不利影响"，^② 在社会信用管理领域已经被广泛应用。

反食品浪费法律的施行营造了反食品浪费的社会氛围，除了通过行政奖励等各种方式激励食品生产经营者尽可能防止食品浪费以外，还需要通过食品浪费黑名单的方式警示其他食品生产经营者和提醒食品消费者，并使其成为重要途径。《反食品浪费法》实施以来，国家市场监管总局于 2022 年 10 月公布了第一批食品浪费违法行为典型案例，^③ 于 2023 年 2 月公布了第二批制止食品浪费行政处罚典型案例，^④ 尽管主要还是局限于餐饮领域而没有覆盖食品的全链条，但也确实在一定程度上实际发挥了信用惩戒或者"黑名单"的功效。当然，为了更好地实施反食品浪费等众多领域的黑名单制度，首先应当直面"当前的行政'黑名单'制度多数是由行政规范性文件创设的，其面临的首要问题就是与依法行政原则不符"所导致的"行政'黑名单'行为依据的合法性危机"，^⑤ 提高法律位阶，并从法律上明确"黑名单"是"以法律法规为基础，将违法违规、严重失信的企业和个人通过一定的法律程序向社会

---

①有认为"列入乃至公示黑名单，实际上是事实行为，而非作为法律行为的行政处罚"，参见王贵松. 论行政处罚的制裁性 [J]. 法商研究, 2020 (6); 也有认为其具有减损声誉的不利后果而属于行政处罚，参见朱芒. 作为行政处罚一般种类的"通报批评" [J]. 中国法学, 2021 (2); 还有人为列入"黑名单"是一种带有行政机关明确价值判断的意思表示，其是否是行政处罚不能一概而论，如果因向全社会公布而对当事人的人格利益、商业利益等造成减损，法律解释上应归于《行政处罚法》第9条中的"通报批评"类行政处罚，参见谭冰霖. 处罚法定视野下失信惩戒的规范进路 [J]. 法学, 2022 (1).
②谭冰霖. 处罚法定视野下失信惩戒的规范进路 [J]. 法学, 2022 (1).
③李翔. 市场监管总局集中公布一批食品浪费违法行为典型案例 [N]. 中国市场监管报, 2022-10-29 (A1).
④周南. 第二批制止食品浪费行政处罚典型案例公布 [N]. 中国市场监管报, 2023-02-15 (A1).
⑤李明超. 行政"黑名单"的法律属性及其行为规制 [J]. 学术研究, 2020 (5).

公开的信息记录"。①

食品浪费不仅影响社会风气，还危及生态环境，且食品浪费贯穿于食品从生产到消费的全过程，因此反食品浪费需要全社会的参与。政府及其职能部门运用公权力实施反食品浪费并发布反食品浪费黑名单不仅是职责使然，也具有天然的成本优势和公信力优势。但是，反食品浪费黑名单制度的实施不能完全依赖于行政机关，毕竟行政机关的信息、资源和能力有限，面对数量庞大的食品生产经营者和复杂的食品产业链，难以对所有食品生产经营者实施不间断的、无缝隙的有效监管，而且，在黑名单制度的实施过程中，"政府失灵"的情况同样会发生。因此，至少应当将食品行业协会、消费者组织等纳入黑名单管理主体，充分发挥食品行业协会和消费者组织的信息和资源优势，通过食品行业协会内部规则加以约束食品生产经营者，以及通过消费者组织实施对食品浪费的集体抵制，如此一来，反食品浪费黑名单的运行会更加顺畅且全面。当然，食品行业协会和消费者组织在执行黑名单制度时必须遵守法律的规定并接受国家的监管和社会的监督。

"中国经济法对违法行为设定处罚时，没有充分、全面考虑违法行为产生的负面影响，处罚标准整体偏低"，"从提高法律威慑力以及减轻执法机构的执法压力等角度考虑，我国在对经济违法行为处罚的标准设定上，有较大的提高空间"。② 作为预防性约束方式的黑名单，可以弥补法律的不足。特别要强调的是，反食品浪费黑名单必须通过联合惩戒的方式真正发挥效用。"失信联合惩戒制度公开失信被执行人信息，增加失信被执行人的负担，基于此，失信联合惩戒正是间接惩罚措施"，③

①林辉，孙煦初. 失信行为黑名单：理论内涵与规范路径［J］. 现代经济探讨，2021
(8).

②应飞虎. 中国经济法实施若干问题［J］. 现代法学，2013 (5).

③徐继敏. 论失信被执行人联合惩戒的性质、正当性与完善路径［J］. 河南社会科学，2020 (3).

而"联合惩戒是一种新型的、预防性、具有二次约束性质的诚信治理工具，能够有效弥补传统事后处罚的不足，有效提高社会诚信治理水平"，并因此成为"中国构建社会信用体系的核心制度安排，也是中国特有的一种制度设计"，当然，"联合惩戒能够对社会主体产生重大影响，因此有必要在行政法治框架下对其进行严格控制"。^① 在实现反食品浪费黑名单联合惩戒的具体路径上，首先是实现行政机关与社会的联合惩戒，即反食品浪费黑名单实现向食品消费者和社会公布食品生产经营者的食品浪费信息，包括但不限于食品生产经营者的名称、浪费食品的方式、频次等主要信息，从而提高食品消费者对食品生产经营者的警惕和降低社会对其的评价，直接减损食品生产经营者的人格利益并间接影响其经济收益。其次是实现区域内行政机关内部的联合惩戒，即区域内行政机关内部对食品生产经营者浪费食品进行信息共享，强化各行政机关在反食品浪费工作中的协调和配合，加大对其的监管力度，从而制止食品浪费的再度发生。再次就是实现跨区域的联合惩戒，食品产业链跨区域已经成为常态，制止食品浪费的发生必须促进跨区域的反食品浪费协作。

第三节　消费者对反食品浪费的践行

尽管"消费者运动"兴起以来消费者权利成为关注的焦点，却并不意味着对消费者的放纵。特别是随着人类对环境问题的反思和对食品浪费行为的检讨，传统工业所推崇的"消费至上"观念必须被抛弃。但是，"我国《反食品浪费法》仅仅对食品生产企业与相关组织的防止食品浪费的行为确立了相应法律责任""有关消费者的规定仅仅是宣导性

---

①沈毅龙.论失信的行政联合惩戒及其法律控制［J］.法学家，2019（4）.

条款，缺乏法律责任的具体规定，从而难以发挥法律的规范作用"。①
因此，为解决人与自然的矛盾和实现社会的可持续发展，重塑健康的食品消费观和培育理性的食品消费行为，应当成为法律完善的重要方向和食品消费者的重要观念。

一、强化消费者反食品浪费的法律义务

生产力进一步发展所带来的国内国际环境问题危机，促使各国逐渐认识到传统工业文明即将甚至已经达到社会或者自然的发展极限。即便生产经营者通过广告制造或者刺激了消费，但不可否认的是，消费者仍然处于消费行为的终端。而且，在当代社会的"供给与销售链条相互链接的复杂网络中，每一个人都同时是供给者与消费者"。② 我国《宪法》的"国家厉行节约，反对浪费"已经构筑了消费者反食品浪费义务的基础，经由《消费者权益保护法》以及《反食品浪费法》等法律，消费者反食品浪费的法律义务已经非常明晰；不仅如此，我国还通过一系列政策性文件倡导消费者积极履行义务（见表 6-3）。

表 6-3　消费者反食品浪费义务的法律与政策推进③

类别	依据
宪法和法律	《宪法》
	《民法典》
	《消费者权益保护法》
	《食品安全法》
	《反食品浪费法》

---

①黄胜开，杜尚燕. 反食品浪费：消费者个人责任及法律规制［J］. 海峡法学，2022
（4）.

②陈伟. 论消费者的环境法律义务及其规范体系［J］. 中国地质大学学报（社会科学版），2020（4）.

③政策性方面以中共中央和国务院的文件为主。

类别	依据
政策性文件	《关于厉行节约反对食品浪费的意见》
	《关于加快推进生态文明建设的意见》
	《关于促进绿色消费的指导意见》
	《"健康中国2030"规划纲要》
	《关于创新体制机制推进农业绿色发展的意见》
	《国民经济和社会发展第十四个五年规划和2035年远景目标纲要》
	《关于全面推进乡村振兴加快农业农村现代化的意见》
	《粮食节约行动方案》
政策性文件	《关于做好2022年全面推进乡村振兴重点工作的意见》
	《促进绿色消费实施方案》

在《消费者权益保护法》中，"消费者的责任、义务应是消费者权益保护语境中不可或缺的内容之一，并且对消费者责任、义务的研究并不以消费者权益得到充分保护为必要条件"。① 而《反食品浪费法》"有利于完善避免餐饮浪费的具体行为规则"，"从规范层面引导全社会参与节约资源、保护生态环境，抑制奢侈浪费和不合理消费，帮助人们形成绿色低碳的生活方式，进而提升全社会的文明素养，形成良好社会文化氛围"。②

但是，总体观之，因为立法或者政策的关注视角，"我国目前主要关注生产供给侧的碳减排、以生产者碳责任为中心的观念和制度，这样是难以达到'双碳'目标实现、生态文明建设的相应要求的，必须更多地关注消费需求侧的碳减排问题"，但是"从我国目前相关立法状况看，从《宪法》到《环境法》再到其他相关法律规范，都没有对消费者是否

---

① 甘强. 重识"消费者"的法律地位 [J]. 政治与法律，2016（12）.
② 吕忠梅. 构建反食品浪费长效机制 [N]. 人民日报，2021-01-15（9）.

应当承担法律意义上的碳责任给出明确的肯定态度，也未能对消费者碳责任的内容、形式和种类进行清晰表达，仅有的一些规定也主要通过笼统性、倡导式内容和形式提供有限的解释和支持，实践中自然很难适用和实现消费者的碳责任"。① 因此，保障消费者反食品浪费法律义务的落实势在必行，毕竟"权利绝不能超出社会的经济结构以及由经济结构制约的社会文化发展"。② 为此，一方面，应当采取必要的约束机制，反食品浪费行政机关可以通过批评教育、媒体曝光以及罚款等方式，警示教育消费者积极履行反食品浪费的法律义务；同时，进一步强化消费者承担厨余垃圾费用，《反食品浪费法》已经规定"餐饮服务经营者可以……对造成明显浪费的消费者收取处理厨余垃圾的相应费用，收费标准应当明示"，在完善食品废弃物（包含厨余垃圾）处置法律制度的基础上，不仅能确保食品生产经营者不因消费者浪费食品行为获利，而且能促使食品生产经营者将包括厨余垃圾在内的食品废弃物处置费用不得不转由食品消费者承担。另一方面，进一步健全消费者反食品浪费义务履行的激励，在对食品生产经营者的监管方面，应当把对消费者反食品浪费行为的奖励作为评价的重要内容，同时，反食品浪费行政机关也可以直接针对消费者实施必要的激励措施，比如"对于在社会中厉行节约、反对浪费产生了较大影响的消费者，政府可以通过授予荣誉证书、给予物质奖励、授予绿色信贷资格等方式表彰其作为"。③

二、引导食品的社会责任消费

社会责任消费，即"个人将其消费对环境及多种社会问题带来的影响纳入获取、使用和处置产品的决策中，并用购买权力实现对社会问题

①李传轩. "双碳"目标下消费者碳责任及其立法表达 [J]. 政治与法律，2023 (1).
②马克思恩格斯选集（第3卷）[M]. 北京：人民出版社，1995：305.
③黄胜开，杜尚燕. 反食品浪费：消费者个人责任及法律规制 [J]. 海峡法学，2022 (4).

关注的消费行为",① 肇始于 20 世纪 70 年代，并历经对环境和生态问题的关注拓展内涵至"环境意识消费"和"社会意识消费"，且从消费者对"消费决策"环节的关注扩张至从消费决策到使用、处置等消费的全过程。因此，在反食品浪费领域，食品的社会责任消费，也就意味着消费者将其食品消费可能造成的环境或者社会影响纳入食品的获取、使用和处置决策之中，并通过食品消费的选择权和消费实现对食品浪费问题的关注，从而体现并实践食品消费者主权。

食品的社会责任消费首先体现在理性消费上，即对食品的适度消费，从而避免超越"度"的浪费。尽管消费者可以自主决定消费并因此实施相应的财产处置行为，但是，"'财产权负有社会义务'是对'财产权绝对'观念的根本反思"。② 人类无止境的需求与自然界供给能力的有限性之间的矛盾，已经迫使人类反思曾经的行为并善待未来，食品消费者适度消费从而防止食品浪费的现实需求已经付诸法律引导和规制，消费者食品消费中的节约，已经不再是意思自治下的个人选择，而是成为法律所明确的义务。食品的社会责任消费其次体现在文明消费上。食品理性消费的基础在于建构合理的食品消费模式，因为"扭曲的消费模式每天都在造成大量的资源浪费、环境污染，破坏着物质消费与精神消费的和谐，已经成为生态文明建设的巨大障碍之一"，"合理的消费模式，可以刺激社会生产，促进经济可持续发展，满足人们对物质文化生活的需要，提高人们的生活质量"。③ 社会责任消费是对消费主义的否定和对"消费异化"的调整，也就表现出在追求生活品质过程中的文明。在反食品浪费领域，食品消费者应充分考虑食品浪费行为的消极影

---

①吴金海.面向社会责任消费：消费社会理论的批判性及其反思 [J].社会科学，2020 (2).

②张翔.财产权的社会义务 [J].中国社会科学，2012 (9).

③李慧明，刘倩，左晓利.困境与期待：基于生态文明的消费模式转型研究述评与思考 [J].中国人口·资源与环境，2008 (4).

响，从而培育反食品浪费的自觉，实现个人文明、社会文明与生态文明
的和谐统一。

第四节　反食品浪费的公众参与

"'社会问题社会治'用以揭示社会共治的基本内涵，'社会成果社
会享'得以绘就社会共治的理想愿景。"[1] 在食品安全领域，社会共治
"要解决的是我国食品安全工作中的基本矛盾，即作为公方主体的监管
机关无限的监管职权（责）但又有限的监管资源与食品安全工作问题的
无限复杂性所带来的监管合法性危机"，并因此要求"食品安全共同体
实现权义共担，即食品安全共同体成员依据自身的组织优势或功能定位
共同参与、共同管理食品的安全工作"，从而"将市场、国家、非政府
组织等秩序的力量有机地结合起来，彼此合作，相互监督"。[2] 而反食
品浪费更需要引导全社会广泛参与和积极推动，多方协力并持之以恒地
贯彻。

一、强化反食品浪费教育

"合理地食用食物，是人类与自然相互交融的最佳途径。"[3] 为使人
们合理食用食品，食品教育也就显得非常重要，而反食品浪费教育通过
传播反食品浪费法律和培养理性的食品消费观，提高全社会的反食品浪

---

①曾哲，周泽中. 多元主体联动合作的社会共治——以"枫桥经验"之基层治理实践
为切入点［J］. 求实，2018（5）.

②杨小敏. 食品安全社会共治原则的学理建构［J］. 法学，2016（8）.

③姜坤，郝志阔，吴耀华，等. 我国食育的重要性与开展建议［J］. 现代食品，2021
（22）.

费意识和提升反食品浪费行动，也可以减轻反食品浪费相关行政部门的压力，促进市场秩序的良性发展，从而实现社会公共利益。《消费者权益保护法》关于"消费者享有获得有关消费和消费者权益保护方面的知识的权利"的表述"虽然规定了消费者享有获得消费知识的权利，但没有明确消费者享有受教育权（the right to consumer education），虽然也可以勉强看作赋予了消费者受教育权，但其效果与直接规定消费者受教育的义务主体是不同的"。① 《食品安全法》初步建立了我国食品安全教育制度，② 《反食品浪费法》则构建了政府、③ 机关、人民团体、社会组织、企业事业单位和基层群众性自治组织，④ 消费者协会和其他消费者组织，⑤ 设有食堂的单位⑥以及教育行政部门和学校⑦等多层次的反食品浪费教育体系。因此，落实反食品浪费教育并取得实质性的成效，已经成为当前以及未来反食品浪费的重要环节，也是政府以及相关主体践行《反食品浪费法》并提升全社会反食品浪费意识的法律义务。

---

①应飞虎. 我国食品消费者教育制度的构建 [J]. 现代法学，2016（4）.

②《食品安全法》第 10 条第 1 款规定："各级人民政府应当加强食品安全的宣传教育，普及食品安全知识，鼓励社会团体、基层群众性自治组织、食品生产经营者开展食品安全法律、法规以及食品安全标准和知识的普及工作，倡导健康的饮食方式，增强消费者食品安全意识和自我保护能力。"

③《反食品浪费法》第 20 条第 2 款规定，"县级以上人民政府及其有关部门应当持续组织开展反食品浪费宣传教育，并将反食品浪费作为全国粮食安全宣传周的重要内容"。

④《反食品浪费法》第 20 条第 1 款规定，"机关、人民团体、社会组织、企业事业单位和基层群众性自治组织应当将厉行节约、反对浪费作为群众性精神文明创建活动内容，纳入相关创建测评体系和各地市民公约、村规民约、行业规范等，加强反食品浪费宣传教育和科学普及，推动开展'光盘行动'，倡导文明、健康、科学的饮食文化，增强公众反食品浪费意识"。

⑤《反食品浪费法》第 19 条第 3 款规定，"消费者协会和其他消费者组织应当对消费者加强饮食消费教育，引导形成自觉抵制浪费的消费习惯"。

⑥《反食品浪费法》第 8 条第 1 款规定，"设有食堂的单位应当建立健全食堂用餐管理制度，制定、实施防止食品浪费措施，加强宣传教育，增强反食品浪费意识"。

⑦《反食品浪费法》第 21 条第 1 款、第 2 款规定，"教育行政部门应当指导、督促学校加强反食品浪费教育和管理。学校应当按照规定开展国情教育，将厉行节约、反对浪费纳入教育教学内容，通过学习实践、体验劳动等形式，开展反食品浪费专题教育活动，培养学生形成勤俭节约、珍惜粮食的习惯"。

"日本食育推动的组织架构",① 但是依然是"以政府为主导",而且"日本内阁设立了食育推进食育委员会",地方政府则"按照上级文件精神设立地方食育推进委员会"。② 在由政府、消费者组织等主体共同参与的反食品教育体系中,政府应该承担基础性责任,因为作为公共产品的反食品浪费教育应当由政府提供;同时,政府还应当承担主导性责任,因为其他反食品浪费教育主体的行为需要由政府通过检查、考核乃至必要的矫正等方式保障其得以实施。反食品浪费社会氛围的形成有赖于稳定而持久的反食品浪费法律机制,反食品浪费教育也不得采用运动式反食品浪费教育活动,而是应当常态化推进,通过制度性约束并持续性跟进以及周期性地执行、评估和改进。

反食品浪费教育应坚持教育对象的全民化。尽管消费者历来是消费教育的关注重点,消费者教育可以提升消费者的辨别能力并因此作用于经营者和市场而维护市场秩序,但是,食品浪费可能发生于食品产业链的任何环节,食品生产经营、消费的当事人都应接受反食品浪费教育,从而提升全社会反食品浪费能力和水平,最大限度地实现反食品浪费的效果。同时,反食品浪费教育还要坚持教育内容的全方位化。《反食品浪费法》当然是反食品浪费教育的重要内容,但是,不应当仅仅局限于此。反食品浪费教育还应传播科学知识,我国已经发布了《中国食物与营养发展纲要(2014—2020年)》《"健康中国2030"规划纲要》《国民营养计划2017—2030》以及《健康中国行动(2019—2030)》等政策,因此,通过对食品生产经营中反浪费技术与知识的普及,可以提升食品生产经营者反食品浪费的意识和能力,而对食品消费者有关营养、健康的教育可以提升食品消费的理性与节制。此外,反食品浪费教育还应坚

①苏俞真,肖汉杰,朱强,等. 日本食育政策推进的多重目标与多元主体角色分工[J]. 食品与机械,2022(12).
②刘晓洁,管晓慧,程书波. 日本食育发展历程、体系构成研究及对中国构建食育长效机制的启示与思考[J]. 中国食物与营养,2021(6).

持教育方式的多样化。反食品浪费者教育需要采取学校和校外教育结合、阶段化与终身教育结合等多种方式，从学校抓起，把反食品浪费纳入教育教学内容，培育反食品浪费的自觉，充分利用电视、报纸、互联网等多种渠道宣传反食品浪费先进典型和曝光食品浪费行为，实现反食品浪费教育的长效化。

二、完善食品浪费举报奖励

举报是公众行使监督权和参与社会共治的重要方式，不仅得到了立法的保障，也得到了司法的确认，比如"投诉举报是公民、法人或者其他组织参与行政管理的重要途径，除了维护自身合法权益，对于监督行政机关依法行使职权、弥补行政机关执法能力不足也发挥着积极作用"。① 因为"法律实施机构与违法主体之间的信息不对称""有奖举报在本质上是一种信息交易"。② 同时，"在现代社会，政府应当通过各种有效手段激励公民积极行使权利，营造'为权利而斗争就是为法律而斗争'的社会氛围。特别是在某些权利的行使有助于行政管理目标的实现时，行政机关更应当通过经济诱因等举措激励公民去积极行使权利"。③ 我国《产品质量法》在 2000 年修订时就已经建立了质量违法举报奖励制度，④《食品安全法》在 2015 年的修订中明确规定了食品安全的举报

---

① 最高人民法院（2017）最高法行申 281 号行政裁定书。

② 应飞虎. 食品安全有奖举报制度研究［J］. 社会科学，2013（3）.

③ 章志远. 食品安全有奖举报制度之法理基础［J］. 北京行政学院学报，2013（2）.

④《产品质量法》第 10 条规定，"任何单位和个人有权对违反本法规定的行为，向市场监督管理部门或者其他有关部门检举。市场监督管理部门和有关部门应当为检举人保密，并按照省、自治区、直辖市人民政府的规定给予奖励"。

奖励制度，^① 而且，食品药品领域的举报奖励历经《食品药品违法行为举报奖励办法》^② 到《市场监管领域重大违法行为举报奖励暂行办法》（国市监稽规〔2021〕4号）的发展而逐渐成熟。此外，《"十四五"市场监管现代化规划》（国发〔2021〕30号）还专门规定"创新社会监督引导方式，在涉及人民群众身体健康和生命财产安全、公共安全、生态环境安全的领域强化举报制度，落实内部举报人奖励政策"。

《反食品浪费法》规定^③为我国反食品浪费举报提供了法律依据，也明确了"接到举报的部门和机关""及时依法处理"的职责。但是，《反食品浪费法》并未明确反食品浪费举报奖励。在地方性法规方面，《山东省反食品浪费规定》则进一步规定，"任何单位和个人发现食品生产经营者等有食品浪费行为的，有权进行举报。接到举报的部门应当依法处理，并对核查属实的给予适当奖励"。^④《市场监管领域重大违法行为举报奖励暂行办法》界定"重大违法行为是指涉嫌犯罪或者依法被处以责令停产停业、责令关闭、吊销（撤销）许可证件、较大数额罚没款等行政处罚的违法行为"，^⑤ 规定举报"违反食品、药品、特种设备、

---

①《食品安全法》第115条规定，"县级以上人民政府食品安全监督管理等部门应当公布本部门的电子邮件地址或者电话，接受咨询、投诉、举报。接到咨询、投诉、举报，对属于本部门职责的，应当受理并在法定期限内及时答复、核实、处理；对不属于本部门职责的，应当移交有权处理的部门并书面通知咨询、投诉、举报人。有权处理的部门应当在法定期限内及时处理，不得推诿。对查证属实的举报，给予举报人奖励。有关部门应当对举报人的信息予以保密，保护举报人的合法权益。举报人举报所在企业的，该企业不得以解除、变更劳动合同或者其他方式对举报人进行打击报复"。

②2017年9月，为了进一步规范食品药品举报奖励工作，国家食品药品监督管理总局同财政部对2013年印发的《食品药品违法行为举报奖励办法》（国食药监办〔2013〕13号）进行了修订，印发新的《食品药品违法行为举报奖励办法》（食药监稽〔2017〕67号）。自2021年12月1日起，《市场监管领域重大违法行为举报奖励暂行办法》（国市监稽规〔2021〕4号）施行，《食品药品违法行为举报奖励办法》（食药监稽〔2017〕67号）废止。

③《反食品浪费法》第27条。

④《山东省反食品浪费规定》第18条。

⑤《市场监管领域重大违法行为举报奖励暂行办法》第2条第2款。

工业产品质量安全相关法律法规规定的重大违法行为"，"经查证属实结案后，给予相应奖励"。《市场监管领域重大违法行为举报奖励暂行办法》由国家市场监管总局和国家财政部联合制定，其约束力也就仅仅及于国家市场监管总局和国家财政部，而《反食品浪费法》规定的反食品浪费机关除了国家市场监督管理部门外，还有国家商务主管部门、国家粮食和物资储备部门以及其他有关部门；而且，《反食品浪费法》也没有规定"停产停业、责令关闭、吊销（撤销）许可证件"等行政处罚，即便对于罚款，《反食品浪费法》也只有第 28 条规定"一千元以上一万元以下"或者"五千元以上五万元以下"，根本达不到地方规范性文件规定的市场监管领域认定的"重大违法行为"的罚款标准。因此，尽管食品浪费举报跟其他违法行为的举报并没有本质的区别，且举报人同样需要承担举报成本乃至负担举报风险，并因此证明了食品浪费举报奖励的正当性，但是，《反食品浪费法》并未建立食品浪费举报奖励。而通过立法明确食品浪费举报奖励并完善其制度涉及，应该成为激励公众参与反食品浪费的重要举措。

首先，应当畅通食品浪费举报渠道。《反食品浪费法》规定的"有关部门和机关"和"及时依法处理"过于笼统，可能因为举报者并不知晓反食品浪费的部门分工而无所适从。因此，应当进一步明确简便的举报方式，比如实行食品浪费举报"首接负责制"和移交制度，即由最先接到食品浪费举报的部门负责，如果被举报事项不属于其职责范围，则由其移交至有权机关，从而避免相互推诿；或者设置统一的举报平台和设立专门的举报电话，由接到食品浪费举报的平台负责按照权属分配。同时，"及时"的含糊表述可能造成食品浪费举报后的各环节期间无法紧密衔接，甚至给受理食品浪费举报的机关拖延推脱或者消极怠惰行为留下了空间。因此，对于食品浪费举报的处理，需要明确各环节比如告知举报者案件处理、奖金认定与发放等的期限，同时明确从食品浪费举报受理到发放举报奖励完成的最长期限，从而督促反食品浪费受理举报机关提高效率，也可以进一步强化食品浪费举报奖励的作用。

其次，应当优化食品浪费举报的奖励。设置科学合理的食品浪费举报奖励标准，是提高反食品浪费机关效率和切实保障食品浪费举报者合法权益的重要基础。而科学合理地设置食品浪费举报的奖励认定标准，需要综合考虑食品浪费举报及其处理等各方面的因素。尽管食品浪费行为的处罚后果与对食品浪费举报者的奖励直接相关，但不应当作为唯一的标准。从信息交换的角度而言，在确定食品浪费举报的奖励标准时，应综合考虑举报等级、涉案货值、罚没款金额等因素，但又应当避免同时考量多个因素可能导致的奖励依据模糊和不确定。特别要明确的是，对食品浪费行为的罚没款仅能作为判断对举报者奖励的多或少，而不能据以决定奖励的有或无，所以，即便对于没有罚没款的食品浪费举报，也应综合考量给予奖励。同时，在科学确定食品浪费举报奖励标准的基础上，还应当合理提高奖励数额，从而避免低于举报成本的奖励最终导致奖励被搁置之尴尬。

另外，还必须完善对食品浪费举报人的保护。"举报的受益者主要是国家或社会的特质，决定了国家有义务保护公民的举报权"。[①] 为此，一方面，匿名举报与实名举报并重。相比匿名举报，实名举报可能更具有真实性和可信度，也更加有利于反食品浪费机关对食品浪费的调查和处理。但是，如果"一刀切"地要求实名举报，很大程度上会增加食品浪费举报者的疑虑，甚至也可能因此而放弃举报。因此，相比实名举报，匿名举报在安全方面对举报者尤其是内部"吹哨人"更加有利，在实践中也就可能为更多的举报者所偏好。也因此，可以考虑建立与匿名举报相配套的领奖方式，比如采取以密码领奖的方式，即食品浪费举报者匿名举报食品浪费，在反食品浪费机关通过密码确认身份。同时，为

---

①赖彩明，赖德亮. 加强公民举报权的制度保障［J］. 法学，2006（7）.

最大限度地减少食品浪费举报者信息泄露甚至遭受打击报复的风险，领奖方式可以为非现场领奖。另一方面，强化食品浪费举报者的信息保密工作并追究泄露信息者的法律责任。"泄密事件极强的负外部性，可使其他所有领域有奖举报制度的运行受到影响。"① 因此，举报者信息安全保密要求反食品浪费机关限制举报案件接触人员范围并限定信息的暴露程度，从而避免食品浪费举报受理机构泄露举报人信息；而且，在泄密追责方面，如果食品浪费举报人因食品浪费举报行为而遭受经济损失，可以向反食品浪费机关提出赔偿；如果食品浪费举报人因反食品浪费部门造成的信息泄露而遭受损害或承受损失，反食品浪费部门的负责人和直接责任人应当承担责任。

三、整合反食品浪费的社会力量

强化新闻媒体对反食品浪费的宣传和对食品浪费的舆论监督。尽管新闻媒体"没有直接的国家强制力和威慑力，不能直接动用国家机器的硬实力去强制推行其意志"，"但它拥有的社会权力具有社会强制力，即以舆论资源去影响、支配、迫使相对人服膺其所代表的人民大众的意志，或进行社会动员"，② 从而作为"通过新闻媒介来揭示现实生活中存在的问题并促使其解决的一种舆论监督，即社会各界通过新闻媒介发表自己的意见和看法，形成舆论，从而对政府、社会团体、公职人员的公务行为以及社会上一切有悖于法律和道德的行为实行制约"。③ 因此，新闻媒体监督在现代社会被广泛采用，也是反食品浪费的有效措施。为此，《反食品浪费法》既明确了新闻媒体对反食品浪费的宣传和对食品

---

①应飞虎.食品安全有奖举报制度研究［J］.社会科学，2013（3）.
②郭道晖.新闻媒体的公权利与社会权力［J］.河北法学，2012（1）.
③施彦军，汤兆云.新闻舆论监督的法定缘由、内在冲突及完善路径［J］.行政与法，2018（10）.

浪费的舆论监督，又要求其秉承客观公正的理念。① 当然，为了有效发挥新闻媒体作为反食品浪费的重要监督作用，新闻媒体必须在法治的轨道上运行并获得法律的保障。在报道方面，新闻媒体曝光食品浪费现象应遵循整体真实原则，因为新闻媒体报道的食品浪费现象发生于过去，人的认知能力是有限的，而且受社会客观环境的制约，只要新闻媒体报道的消息和客观真实基本吻合，整体真实就可以满足，从而防止新闻媒体随意报道没有根据的消息，也避免法律对新闻媒体过于苛刻的审查。在评论方面，新闻媒体对反食品浪费的评论应遵循合理评论原则，合理评论可以立场鲜明地表明对食品浪费行为的抵制和对反食品浪费的倡导，从而营造预防和制止食品浪费的社会氛围。当然，"适当的意见表达还要力求避免被批评的事实被误读，措辞、情绪、推理等非事实要素不能取代与压倒事实要素的地位，以一般人判断习惯来衡量谴责的意见是否明显产生了修改基本事实的效果，以及对被批评的现象与问题的强烈质疑客观上是否导致了连基本事实都被否定的结果"。②

　　强化行业协会反食品浪费的内部行动。"行业协会作为一种社会团体，是国家、社会和企业之间的中介、桥梁和连接纽带，获得社团的自治性是发展的关键因素"，③ 而食品行业协会以及餐饮行业协会可以约束作为行业协会内部成员的食品生产经营者的食品浪费行为，从而克服反食品浪费的"市场失灵"和"政府失灵"并成为反食品浪费的重要行动者，而对会员的约束则集中体现在对内部规则的自律和惩戒的社会信用修复上。《反食品浪费法》也已经明确了行业协会反食品浪费的义务

---

①《反食品浪费法》第22条第1款规定"新闻媒体应当开展反食品浪费法律、法规以及相关标准和知识的公益宣传，报道先进典型，曝光浪费现象，引导公众树立正确饮食消费观念，对食品浪费行为进行舆论监督。有关反食品浪费的宣传报道应当真实、公正"。

②陈堂发. 批评性报道法律问题研究 [M]. 上海：上海交通大学出版社，2011：194.

③张华. 连接纽带抑或依附工具：转型时期中国行业协会研究文献评述 [J]. 社会，2015（3）.

和举措。^① 行业协会自律的重要方式就是通过行业规则实行自律管理，而行业规则是会员通过协商、谈判甚至妥协等方式达成的共识，并因此可以让会员共同遵守。根据《反食品浪费法》的规定，食品、餐饮等相关行业协会应当制定并完善反食品浪费的行业规则，培养成员反食品浪费的理性与自律，并因此在食品、餐饮行业内部形成自律秩序。同时，"处罚违法违规成员是行业协会的主要治理职能，是其关键的威慑制度技术，也是成员的重要收益来源"，^② 而且，行业协会的社团罚在对会员惩戒方面可能拥有超越制定法的优势，因为"当事人依据制定法的规定预测当时当下的行为的法律后果，并指导当时当下的行为，故是一种短期评价机制，无法形成一种长期的心理强制"，而"协会对其的一次警告、批评"，"会让其丧失同行对其的信任从而失去经营的能力，甚至会由于被开除会员资格而失去谋生的手段"。^③ 当然，完善食品、餐饮行业协会反食品浪费的监管也是必要的，为此，需要建立反食品浪费机关与食品、餐饮行业协会监督的良性互动，并且通过必要的综合食品浪费信息交流平台，保障反食品浪费的信息沟通。

---

①《反食品浪费法》第19条第1款、第2款规定"食品、餐饮行业协会等应当加强行业自律，依法制定、实施反食品浪费等相关团体标准和行业自律规范，宣传、普及防止食品浪费知识，推广先进典型，引导会员自觉开展反食品浪费活动，对有浪费行为的会员采取必要的自律措施"，"食品、餐饮行业协会等应当开展食品浪费监测，加强分析评估，每年向社会公布有关反食品浪费情况及监测评估结果，为国家机关制定法律、法规、政策、标准和开展有关问题研究提供支持，接受社会监督"。

②吴元元. 连坐、法团主义与法律治道变革——以行业协会为中心的观察 [J]. 法律科学（西北政法大学学报），2020 (3).

③朱国华，樊新红. 行业协会社团罚：兼论反不正当竞争法的修改完善 [J]. 政法论坛，2016 (2).

余论：反浪费与保障安全的食品法律协同

《反食品浪费法》构筑了食品全过程反浪费的法治根基，更是拒绝"舌尖上的浪费"的直接法律依据，而不安全食品所造成的食品浪费可能并不亚于《反食品浪费法》所界定的"食品浪费"。我国继《食品卫生法》之后出台的《食品安全法》，历经多次修改方奠定了我国食品安全的法律保障，也守护着"舌尖上的安全"。但是，不管是从历年来媒体盘点的当年食品安全典型事件，还是从日常生活的感知，我国食品安全仍然任重道远。因此，在食品全过程反浪费的同时必须坚守食品安全底线，食品才能在为人类提供最大的福祉的同时，实现人类与自然的最美好沟通。

一、《反食品浪费法》的践行

食品浪费的普遍发生与严重后果已经引起高度关注，反食品浪费也就超越道德的号召而进入法律的视野。但是，因为食品浪费可能发生在食品从生产、加工、运输、储存、销售到消费的任何环节，从而导致反食品浪费具有艰巨性与长期性。我国《反食品浪费法》的颁布与施行，标志着我国反食品浪费进入道德、党内法规和法律并举的时代。道德和党内法规对反食品浪费的重要作用不容忽视，但是，法律应当成为汇聚全社会持续反食品浪费的重要保障。

《反食品浪费法》明确了"防止食品浪费，保障国家粮食安全，弘扬中华民族传统美德，践行社会主义核心价值观，节约资源，保护环境，促进经济社会可持续发展"的立法目的，规定我国反食品浪费遵循"多措并举、精准施策、科学管理、社会共治"的基本原则，界定了各个主体在反食品浪费问题上的责任。如果说《食品安全法》开启了我国社会共治的法律化，那么，《反食品浪费法》不仅强化了社会共治，反食品浪费的施行更依赖于社会共治。当然，社会共治的实现，关键在于各方责任的明确划分，"如果责任边界不清，共治就只能停留在口号层面，无法落实"，而不管是反食品浪费机关的责任和食品生产经营者、消费者责任之间逻辑上并不严格对应，或者倡导性规范所固有的责任缺失，都可能面临着"法律规范化不足"的批评，但"恰恰是这种法律规范化的不足，才与'社会共治'的原则保持了契合性。毕竟，法律规范不是万能的，其主要功能是限定政府的权力"。① 因此，食品生产经营者、消费者、食品与餐饮行业协会、新闻媒体等都是主动参与反食品浪费的"当事人"。

"无论哪一项法律什么时候被提出来，人们都没有能力预见到实际生活中可能出现的多种多样的情况，即使人们有这种能力，也不可能用没有任何歧义的措辞把这些情况都包括进去"，② 《反食品浪费法》也概莫能外。不管是因为《反食品浪费法》所涉调整对象就决定了应该容纳大量的倡导性规范，还是反食品浪费本身的艰巨与复杂，从法学的视角检视，《反食品浪费法》需要进一步完善，也需要系统的地方性法规等保障其得到有效的落实。因此，在反食品浪费法治化的进程中，完善法律并保障其落实也就成为重要任务。

"立法行为是极为复杂的创造性活动"，因此，"任何社会中，法律

---

① 马英娟，刘振宇. 食品安全社会共治中的责任分野 [J]. 行政法学研究，2016 (6).
② 〔英〕丹宁. 法律的训诫 [M]. 刘庸安，杨百揆，丁健，译，北京：法律出版社，2011：15.

都不足以为社会提供充分、恰当的规范资源"。① 但是，正如《中共中央关于全面推进依法治国若干重大问题的决定》所明确的，"法律的权威源自人民的内心拥护和真诚信仰"。反食品浪费关系到每个社会成员的生存与发展，《反食品浪费法》应该得到所有社会成员的"内心拥护和真诚信仰"并付诸实践，即便《反食品浪费法》存在不足，也应该可以克服和解决。

二、保障食品安全的反浪费意蕴

立足"保障粮食安全"的时代选择而反食品浪费，已经成为国际社会的共识，并在我国《反食品浪费法》及其行动中得以实践。但是，鉴于食品安全与反食品浪费共存于食品的全链条，而不安全食品就是对食品资源的浪费，因此，直面我国食品安全现状，从强化食品安全法律保障的视角构筑反食品浪费的第一道防线，应成为我国未来食品的法律治理之重要选择，也可以更进一步推进反食品浪费的共治实践。

作为人类生存必需物质的食品，也随着人类的发展而演进，"食品安全"的内涵也随着食品的发展而发生演变，食品安全依然是历久弥新的热点话题。尽管现代社会已经植入了"社会责任"，但是，食品生产经营者的基本目标还是最利润的获取甚至并因此将利润最大化作为唯一的目标，并为此通过降低生产成本以及加强市场营销等正当手段甚至可能采用生产经营不安全食品等各类违法手段实现其利润的追逐。一旦食品生产经营者过分重视自身利益，食品安全风险就会发生甚至被放大。自人类从事食品生产加工以及交易以来，就会自觉或者不自觉的感受或者关注食品安全，并因此推动"食品安全"内涵的演变。从人类的食品需求和食品的市场供给关系上，当市场的食品短缺或者相对短缺而无法

---

① 顾培东. 当代中国法治共识的形成及法治再启蒙 [J]. 法学研究，2017 (1).

满足人类的生存需求时，食品安全最基本的含义也表达人们对食品的需求愿望就是食品数量安全（food security）。随着市场的食品供给能够满足人类的食品数量需求，食品安全才得以逐渐走出数量安全的局限性，食品的质量则逐渐受到重视。在食品生产加工并不复杂也无法实现间隔食品生产经营者和消费者的空间距离时，食品所遭受各种污染或者发生的变质基本上以有形或者外观的方式呈现，食品卫生也受到重视，甚至在很大程度上超越数量安全之后的食品安全可能就是食品卫生。当食品卫生问题逐步得到解决且物质生活得到极大程度改善，食品营养也就引起了高度的关注。因此，人类的努力推动"食品安全"历经从数量安全到质量安全、从食品卫生到食品安全的发展，但也可能因为科学技术的发展甚至人类的贪婪或者未知而放大食品安全风险。

在国际社会，尽管食品贸易已经历史悠久，但是，现代以来的技术变化全面提升了全球食品交易的数量和速度，食品安全风险也随之发生。为了减轻食源性疾病的负担和维护食品的国际贸易，食品安全在全球来都至关重要。早在 1992 年，世界卫生组织和联合国粮农组织就宣布，获得营养和安全的食品是所有消费者的权利，鼓励各国"采取措施保护消费者不受不安全、低质量、搀假、错贴商标或被污染的食品的损害"。[1] 世界卫生组织和联合国粮农组织成立食品法典委员会并制定国际标准。2000 年 7 月，八国首脑会议公报强调国内食品安全体系的重要性，并建议世界卫生组织和联合国粮农组织"组织食品安全规制者的定期国际食品安全会议"。为回应八国首脑会议公告，联合国粮农组织和世界卫生组织于 2002 年和 2004 年举行食品安全监管全球会议。世界卫生组织认为，2002 年第的第一次全球论坛奠定了全球保护食品质量与安全进一步合作的基础；2004 年得第二次全球论坛集中于提高食品

---

①FAO/WHO, "International Conference On Nutrition: World Declaration And Plan Of Action For Nutrition"（Dec. 1992）.

安全控制和建立有效的监督机制，从而降低食源性疾病和确保食品更安全，推动国内和国际贸易。①

我国食品安全问题也历经了从数量到质量的演变。在食品匮乏时代，我国食品安全问题集中主要是食品短缺，并因此导致的饥饿，甚至曾经严重困扰国民。改革开放以来以后，我国食品数量的丰富也伴生了食品卫生问题。进入 21 世纪，我国的食品供给大幅度改善并从根本上改变和优化了食品消费结构，随着典型的食品安全事件的发生，食品安全意识也得到了空前的提升。因此，在法律上，随着从《食品卫生法》跃迁为《食品安全法》，人们的食品品质追求以及现代法律理念都发生了从"食品卫生"到"食品安全"的嬗变。

事实上，尽管维护食品安全的初衷在于"保障公众身体健康和生命安全"，但是，禁止生产经营不安全食品本身就是避免食品原材料及其成品不被浪费，而强化生产经营的过程控制，就是对原材料及成品的合理使用并保障安全的食品被消费从而实现食品的正常功用。因此，尽管反食品浪费法律规制的对象是"可安全食用或者饮用"的食品，但是，维护食品安全就是构筑反食品浪费的第一道防线，而反食品浪费则是保障"可安全食用或者饮用"的食品不被废弃或者不合理使用。

三、《反食品浪费法》与《食品安全法》的衔接：以不安全食品召回为例

随着我国进入社会转型期，食品上承载的各种利益和矛盾也变得多元化，食品领域的执法也面临"淡化权力色彩"并协调执法机关和行政相对人的"平衡关系"，②并直接体现在 2015 年《食品安全法》修订中

---

①Press Release, FAO, "Food Safety Regulators From More Than 100 Countries Meet"（Oct. 12, 2004）.

②罗豪才，沈岿. 行政法的平衡及平衡论的范畴 [J]. 中国法学，1996（4）.

直接把"约谈"从部门规章提升到基本法律的效力位阶，尽管并不意味着执法机关权力性的退位，[①] 但也确实体现出执法机关与食品生产经营者地位的平等性趋势；同时，早在 2009 年《食品安全法》中就将"食品召回"在基本法律中制度化。《反食品浪费法》和《食品安全法》都是因"食品"而生，并从不同维度实现"食品"的法律保护，二者不仅仅限于"食品"的概念界定延续，更应该实现食品的法律治理衔接。但是，因为研究目的的局限，也期望成为未来研究的延续，仅从不安全食品召回的视角，探讨反食品浪费应植入食品安全的维护。

食品安全风险"直接证成了为防控风险进行召回立法的正当性"，[②] 而不安全食品的召回可以有效抑制食品生产经营者的不法行为或者机会主义行为，消除食品市场信息不对称所产生的参与者之间的不信任，从而降低食品交易成本和提高食品市场整体效益。1995 年，我国《食品卫生法》规定"生产经营禁止生产经营的食品"，或者"生产经营不符合营养、卫生标准的专供婴幼儿的主、辅食品"，就应收回并销毁，[③] 尽管适用范围极其有限且程序尚不完备，却因此构建了我国不安全食品召回的雏形。随着 2009 年《食品安全法》正式确立"国家建立食品召回制度"[④]，经法律修订过程中的进一步完善，[⑤] 食品召回制度得到进一步的体系化。

在食品安全的意义上，食品消费者权利在整体上已经不再是变成"私人权利"而是"社会权利"，食品消费者利益超越纯粹的"私人利益"而在整体上成为"社会公共利益"。[⑥] 如果不安全食品召回但处置不当，甚至不排除不安全食品召回后通过"改头换面"但"内容依旧"

---

①马迅. 行政约谈裁量权的法律规制 [J]. 研究生法学，2016 (5).

②张云. 食品召回制度之法社会学证成 [J]. 学术交流，2011 (3).

③分别为《食品卫生法》第42、43条。

④《食品安全法（2009年）》第53条。

⑤《食品安全法（2021年）》第63条。

⑥张云. 食品召回法律责任研究 [J]. 甘肃政法学院学报，2009 (11).

并重新进入市场，不安全食品召回制度也会失去效用。因此，不安全食品召回必须成为食品生产经营者的法定义务，并通过法律责任保障其落实。为此，美国专门规定了极其严厉的惩罚措施：如果食品生产经营者不履行不安全食品召回义务，食品安全监管部门在强制其执行不安全食品召回的同时，可处以每日 10 万元的罚款。[①] 我国立法也规定了责令召回但拒不召回的法律责任，[②] 但是，因为立法所规定的没收、罚款、吊销许可证等责任承担方式之间的界限未必分明，即便罚款也面临"五万元以上十万元以下"或者"货值金额十倍以上二十倍以下"，食品生产经营者被责令召回但"仍拒不召回"的法律责任面临不确定性，且以"货值金额"而不考虑不安全食品社会后果的行政处罚基准不仅难以发挥惩戒效果，客观上可能强化食品生产经营者的机会主义选择。

在反食品浪费意义上，尽管我国《食品安全法》规定了责令召回但仍拒不召回的法律责任，亦规定了不安全食品召回后的"无害化处理、销毁等措施"，当然，食品生产经营者实施不安全食品召回并采取无害化处理或者销毁等措施，确实已经履行了《食品安全法》上的义务。但是，因为《反食品浪费法》适用于"可安全食用或者饮用的食品"的场景，不安全食品召回及其无害化处理、销毁等所造成的浪费就无法被《反食品浪费法》所涵摄，尽管食品生产经营者因此承受了无害化处理或者销毁等措施造成的经济损失，但并没有承受浪费所产生的法律责任。"损害的预防胜于损害的补偿"，[③] 生产经营对不安全食品的自愿召回和责令召回确实可以预防不安全食品可能造成的损害，其不召回或者拒不召回有机会主义的选择，而召回后也无需依据《食品安全法》或者

---

①张婷婷. 中国食品安全规制改革研究 [D]. 沈阳：辽宁大学博士论文，2008：62.

②《食品安全法（2021 年）》第 124 条规定了食品安全监管部门对"责令其召回"但"仍拒不召回"的行政处罚；第 129 条规定了出入境检验检疫机构对"责令其召回"但"仍拒不召回"的行政处罚。

③王泽鉴. 侵权行为法（第一册）[M]. 北京：中国政法大学出版社，2001：10.

《反食品浪费法》承担法律责任，从而对于不安全食品或者说"不可安全食用或者饮用的食品"在食品原材料或者成品上存有反浪费的"缝隙"。因此，从食品的整体视角系统检视法律的衔接并实现保障安全和反浪费的，则可能在有利于维护公众健康和生命安全的同时，实现人与自然的和谐！

总之，"人类只有一个地球"，食品浪费不再是个人的抉择或者对私人财产的处分，也不再是生产经营或者日常生活中无需关注的琐碎。当反食品浪费的道德评价已经无法应对食品浪费的严峻现实，必须构筑反食品浪费的法律基石。但是，法律又是有限度的，即便在生产经营环节，法律也难以约束所有食品浪费行为，而在个人或者家庭生活场景，仅仅依靠外在的法律可能更显苍白。然而，法律对食品浪费有惩戒警示作用，教育与自省把反食品浪费从"纸面的法律"变成"内心的法律"，对于食品浪费的预防与约束，法律依然是最坚实的保障。

参考文献

一、著作类

［1］孙效敏. 食品监管法律制度研究［M］. 上海：同济大学出版社，2020.

［2］冯朝睿. 社会共治：迈向整体性治理的中国食品安全监管研究［M］. 北京：人民出版社，2018.

［3］刘鹏. 中国食品安全：从监管走向治理［M］. 北京：中国社会科学出版社，2017.

［4］〔奥〕汉斯·凯尔森. 法与国家的一般理论［M］. 沈宗灵，译，北京：商务印书馆，2016.

［5］〔法〕让·鲍德里亚. 消费社会［M］. 刘成富，全志钢，译，南京：南京大学出版社，2014.

［6］〔德〕拉德布鲁赫. 法学导论［M］. 米健，译，北京：法律出版社，2012.

［7］〔英〕阿诺德·汤因比. 人类与大地母亲——一部叙事体世界历史［M］. 徐波，等，译，上海：上海人民出版社，2012.

［8］〔英〕丹宁. 法律的训诫［M］. 刘庸安，杨百樱，丁健，译，北京：法律出版社，2011.

［9］王贵松. 日本食品安全法研究［M］. 北京：中国民主法制出版

社，2009.

[10] 葛洪义. 法理学（第二版）[M]. 北京：中国法制出版社，2007.

[11] 陈兴良. 宽严相济刑事政策研究 [M]. 北京：中国人民公安大学出版社，2007.

[12] 尹世杰. 消费经济学 [M]. 北京：高等教育出版社，2007.

[13]〔法〕孟德斯鸠. 论法的精神 [M]. 申林，编译，北京：北京出版社，2007.

[14]〔美〕菲利普·希尔茨. 保护公众健康：美国食品药品百年监管历程 [M]. 姚明威，译，北京：中国水利电力出版社，2005.

[15] 张维迎. 信息、信任与法律 [M]. 北京：生活·读书·新知三联书店，2003.

[16]〔美〕大卫·里斯曼. 孤独的人群 [M]. 王崑，等译，南京：南京大学出版社，2003.

[17] 张文显. 法哲学范畴研究 [M]. 北京：中国政法大学出版社，2001.

[18] 王宁. 消费社会学——一个分析的视角 [M]. 北京：社会科学文献出版社，2001.

二、期刊类

[1] 章剑生. 行政协议复议审查的范围、规则与决定方式 [J]. 法律科学，2023（2）.

[2] 李传轩. "双碳"目标下消费者碳责任及其立法表达 [J]. 政治与法律，2023（1）.

[3] 苏俞真，肖汉杰，朱强，等. 日本食育政策推进的多重目标与多元主体角色分工 [J]. 食品与机械，2022（12）.

［4］江国华，孙中原. 论行政处罚制度中的教育措施［J］. 学习与实践，2022（11）.

［5］赵解春，白文波，赵立欣. 日本减少食物浪费的法规及其施策对中国的启示［J］. 中国农业科技导报，2022（11）.

［6］邓佑文. 谦抑理念在行政处罚中的展开［J］. 法学，2022（10）.

［7］董战峰，张力小，赵元浩，等. 生命周期视角下中国餐饮浪费的生态环境效应研究［J］. 生态经济，2022（10）.

［8］张盼盼，张丹. 中国餐饮业食物浪费监测关键指标研究［J］. 自然资源学报，2022（10）.

［9］牛坤玉，申宇哲，刘静，等. 反食物损失和浪费：日本经验与镜鉴［J］. 自然资源学报，2022（10）.

［10］成升魁，马涛，黄锡生，等.《反食品浪费法》实施的若干关键问题［J］. 自然资源学报，2022（10）.

［11］张丹，吴良. 基于图像法的食品浪费监测和调查方法——以北京典型食堂为例［J］. 自然资源学报，2022（10）.

［12］吴良，张丹，成升魁. 中国反食物浪费监测与评估体系建设［J］. 自然资源学报，2022（10）.

［13］冯帅. 遵约背景下中国"双碳"承诺的实现［J］. 中国软科学，2022（9）.

［14］袁文全，王志鑫. 环境共治模式下绿色消费法律制度的规范建构［J］. 中国人口·资源与环境，2022（8）.

［15］胡建淼. 对行政机关在行政协议中优益权的重新解读［J］. 法学，2022（8）.

［16］谢维雁，刘明君. 宪法实施的实践之维［J］. 四川师范大学学报（社会科学版），2022（6）.

[17] 钟钰，崔奇峰. 从粮食安全到大食物观：困境与路径选择 [J]. 理论学刊，2022（6）.

[18] 施文泼，刘佳. 食品捐赠税收优惠政策的国际借鉴 [J]. 国际税收，2022（6）.

[19] 肖恒. 立法法理学视野下政策法律化的证成 [J]. 福建师范大学学报（哲学社会科学版），2022（5）.

[20] 黄胜开，杜尚燕. 反食品浪费：消费者个人责任及法律规制 [J]. 海峡法学，2022（4）.

[21] 张守文. 消费税制度改革的发展导向 [J]. 税务研究，2022（3）.

[22] 李拥军. 法律责任概念的反思与重构 [J]. 中国法学，2022（3）.

[23] 邹奕. 行政处罚之惩罚性的界定 [J]. 行政法学研究，2022（2）.

[24] 杨凤仙. 法律文本中"应当"的语言特征分析 [J]. 边缘法学论坛，2022（2）.

[25] 孙光宁. 社会主义核心价值观的法源地位及其作用提升 [J]. 中国法学，2022（2）.

[26] 王萍. 反食品浪费法："小快灵"立法的生动实践 [J]. 中国人大，2022（2）.

[27] 陈天昊. 行政协议变更、解除制度的整合与完善 [J]. 中国法学，2022（1）.

[28] 谭冰霖. 处罚法定视野下失信惩戒的规范进路 [J]. 法学，2022（1）.

[29] 姜坤，郝志阔，吴耀华，等. 我国食育的重要性与开展建议 [J]. 现代食品，2021（22）.

[30] 孙佑海. 《反食品浪费法》：统筹推进制止餐饮浪费的制度建设 [J]. 环境保护，2021（10）.

[31] 焦点，吴薇，刘博. 合作促节粮　减损助安全——国际粮食减损大会会议综述 [J]. 世界农业，2021（10）.

[32] 林辉，孙煦初. 失信行为黑名单：理论内涵与规范路径 [J]. 现代经济探讨，2021（8）.

[33] 马静华，夏卫. 刑事司法中逻辑法条主义的反思 [J]. 江苏行政学院学报，2021（6）.

[34] 孟涛. 党内法规体系的形成与完善 [J]. 法学研究，2021（6）.

[35] 杨东霞，韩洁，王俏，等. 减少粮食损耗和反对食物浪费的国际经验及对中国的启示 [J]. 世界农业，2021（6）.

[36] 刘晓洁，管晓慧，程书波. 日本食育发展历程、体系构成研究及对中国构建食育长效机制的启示与思考 [J]. 中国食物与营养，2021（6）.

[37] 左卫民. 刑事诉讼中的"人"：一种主体性研究 [J]. 中国法学，2021（5）.

[38] 黄锡生，饶能. 食物节约立法的域外考察及其借鉴 [J]. 重庆大学学报（社会科学版），2021（4）.

[39] 落志筠. 反食品浪费立法的法理基础与中国路径 [J]. 重庆大学学报（社会科学版），2021（4）.

[40] 朱芒. 作为行政处罚一般种类的"通报批评"[J]. 中国法学，2021（2）.

[41] 张明楷. 刑法学中的概念使用与创制 [J]. 法商研究，2021（1）.

[42] 上海市粮食和物资储备局. 不要让浪费变成一种习惯——餐

饮浪费现象问卷调查报告［J］.中国粮食经济，2020（10）.

　　［43］万为众.论中国规制食品浪费立法路径的选择［J］.理论与现代化，2020（6）.

　　［44］王贵松.论行政处罚的制裁性［J］.法商研究，2020（6）.

　　［45］李明超.行政"黑名单"的法律属性及其行为规制［J］.学术研究，2020（5）.

　　［46］关保英.疫情防控中行政奖励制度的构建［J］.中州学刊，2020（4）.

　　［47］彭诚信.论《民法典》中的道德思维与法律思维［J］.东方法学，2020（4）.

　　［48］陈伟.论消费者的环境法律义务及其规范体系［J］.中国地质大学学报（社会科学版），2020（4）.

　　［49］徐继敏.论失信被执行人联合惩戒的性质、正当性与完善路径［J］.河南社会科学，2020（3）.

　　［50］吴元元.连坐、法团主义与法律治道变革——以行业协会为中心的观察［J］.法律科学（西北政法大学学报），2020（3）.

　　［51］吴金海.面向社会责任消费：消费社会理论的批判性及其反思［J］.社会科学，2020（2）.

　　［52］高志宏.公共利益观的当代法治意蕴及其实现路径［J］.政法论坛，2020（2）.

　　［53］朱强，李丰，钱壮.全国高校食堂堂食浪费概况及其外卖碳足迹研究——基于30省（市）30所高校的9660份问卷调查［J］.干旱区资源与环境，2020（1）.

　　［54］张文显.社会主义核心价值观与法治建设［J］.中国人大，2019（19）.

　　［55］罗秦.我国促消费背景下深化消费税改革之探讨——历史回

顾、国际经验与现实选择［J］. 税务研究，2019（6）.

［56］悦洋，魏东. 网络平台犯罪的政策调适与刑法应对［J］. 河南社会科学，2019（5）.

［57］孙萍，邓小川. 论我国行政指导的诉讼救济［J］. 辽宁大学学报（哲学社会科学版），2019（5）.

［58］施天涛.《公司法》第 5 条的理想与现实：公司社会责任何以实施？［J］. 清华法学，2019（5）.

［59］沈毅龙. 论失信的行政联合惩戒及其法律控制［J］. 法学家，2019（4）.

［60］刘民权，张玲玉. 中国资源节约型、环境友好型生活方式的构建［J］. 开放时代，2019（4）.

［61］邓刚宏. 食品生产经营者自我规制模式的构建［J］. 政治与法律，2019（3）.

［62］王若磊. 信用、法治与现代经济增长的制度基础［J］. 中国法学，2019（2）.

［63］施彦军，汤兆云. 新闻舆论监督的法定缘由、内在冲突及完善路径［J］. 行政与法，2018（10）.

［64］岳小花. 绿色消费法律体系的构建与完善［J］. 中州学刊，2018（7）.

［65］曾哲，周泽中. 多元主体联动合作的社会共治——以"枫桥经验"之基层治理实践为切入点［J］. 求实，2018（5）.

［66］吴真，李天相. 日本循环经济立法借鉴［J］. 现代日本经济，2018（4）.

［67］刘长庚. 增强消费对经济发展的基础性作用［J］. 经济理论与经济管理，2018（2）.

［68］施锦芳，李博文. 日本食品垃圾循环制度构建及其对中国的

启示 [J]. 大连大学学报，2018 (1).

[69] 孙艳艳，张红，苗润莲，等. 日本食品废弃物量化管理体系研究 [J]. 世界农业，2017 (9).

[70] 蓝煜昕. 社会共治的话语与理论脉络 [J]. 中国行政管理，2017 (7).

[71] 顾培东. 当代中国法治共识的形成及法治再启蒙 [J]. 法学研究，2017 (1).

[72] 朱涛. 民法典编纂中的立法语言规范化 [J]. 中国法学，2017 (1).

[73] 甘强. 重识"消费者"的法律地位 [J]. 政治与法律，2016 (12).

[74] 杨小敏. 食品安全社会共治原则的学理建构 [J]. 法学，2016 (8).

[75] 马英娟，刘振宇. 食品安全社会共治中的责任分野 [J]. 行政法学研究，2016 (6).

[76] 应飞虎. 我国食品消费者教育制度的构建 [J]. 现代法学，2016 (4).

[77] 朱国华，樊新红. 行业协会社团罚：兼论反不正当竞争法的修改完善 [J]. 政法论坛，2016 (2).

[78] 史娟红. 关于鲍德里亚"消费与浪费"的伦理考察 [J]. 学术论坛，2016 (1).

[79] 张华. 连接纽带抑或依附工具：转型时期中国行业协会研究文献评述 [J]. 社会，2015 (3).

[80] 高秦伟. 社会自我规制与行政法的任务 [J]. 中国法学，2015 (5).

[81] 徐爱国. "浪费"的法律惩戒与约束 [J]. 武汉大学学报（哲

学社会科学版），2015（4）.

　　［82］周小雯. 公款挥霍浪费的刑法规制［J］. 宁夏社会科学，2015
（4）.

　　［83］黄忠顺. 食品安全私人执法研究——以惩罚性赔偿型消费公
益诉讼为中心［J］. 武汉大学学报（哲学社会科学版），2015（4）.

　　［84］国家统计局重庆调查总队课题组，童泽圣. 我国粮食供求及
"十三五"时期趋势预测［J］. 调研世界，2015（3）.

　　［85］陈金钊. 对法治作为社会主义核心价值观的诠释［J］. 法律科
学，2015（1）.

　　［86］王名，蔡志鸿，王春婷. 社会共治：多元主体共同治理的实
践探索与制度创新［J］. 中国行政管理，2014（12）.

　　［87］方世荣，谭冰霖. 论促进公民低碳行动的行政指导［J］. 法
学，2014（2）.

　　［88］涂永前. 食品安全权及其法律构造［J］. 科技与法律，2014
（1）.

　　［89］应飞虎. 中国经济法实施若干问题［J］. 现代法学，2013
（5）.

　　［90］章志远. 食品安全有奖举报制度之法理基础［J］. 北京行政学
院学报，2013（2）.

　　［91］张翔. 财产权的社会义务［J］. 中国社会科学，2012（9）.

　　［92］成升魁，高利伟，徐增让，等. 对中国餐饮食物浪费及其资
源环境效应的思考［J］. 中国软科学，2012（7）.

　　［93］江必新. 中国行政协议法律制度：体系、内容及构建［J］. 中
外法学，2012（6）.

　　［94］郭道晖. 新闻媒体的公权利与社会权力［J］. 河北法学，2012
（1）.

[95] 徐立. 刑事责任的实质定义 [J]. 政法论坛, 2010 (2).

[96] 邹焕聪. 跨区域失信联合惩戒措施: 实践考察、困境缘由与规范进路 [J]. 征信, 2013 (2).

[97] 黄铁苗. 论节约、消费和浪费 [J]. 学术研究, 2009 (8).

[98] 李慧明, 刘倩, 左晓利. 困境与期待: 基于生态文明的消费模式转型研究述评与思考 [J]. 中国人口·资源与环境, 2008 (4).

[99] 周林彬, 何朝丹. 试论 "超越法律" 的企业社会责任 [J]. 现代法学, 2008 (2).

[100] 王大鹏. "专项整治" 常规化反思 [J]. 南风窗, 2007 (18).

[101] 许进杰. 生态消费: 21 世纪人类消费发展模式的新定位 [J]. 北方论丛, 2007 (6).

[102] 赖彩明, 赖德亮. 加强公民举报权的制度保障 [J]. 法学, 2006 (7).

[103] 盛学军. 监管失灵与市场监管权的重构 [J]. 现代法学, 2006 (1).

[104] 〔德〕乌尔里希·贝克. 从工业社会到风险社会——关于人类生存、社会结构和生态启蒙等问题的思考 (上篇) [J]. 马克思主义与现实, 2003 (3).

[105] 俞海山. 可持续消费定义评析 [J]. 浙江社会科学, 2001 (5).

[106] 卢代富. 国外企业社会责任界说述评 [J]. 现代法学, 2001 (3).

[107] 陈兴良. 刑法谦抑的价值蕴含 [J]. 现代法学, 1996 (3).

[108] 李艳芳. 关于制定我国反浪费法的建议 [J]. 法学家, 1994 (3).

后 记

出生在南方农村，从小对"谁知盘中餐，粒粒皆辛苦"有切身的感受，即便后来在城市长大，也不敢忘却爷爷奶奶在田野的耕作。在外公外婆的陪伴下长大，更是对老人爱惜粮食的节约习惯留下了深刻的印象。进入大学学习，脱离了父母的直接管束，但不经意间总是会发现身边比较明显的餐饮浪费，开启了我对反食品浪费的思考。

2020 年准备大创项目选题时，凭着对餐饮浪费的直观认识，我毫不犹豫地选择了"餐饮浪费行为的法律治理研究"选题，通过搜集相关文献资料初步拟订了研究提纲。因为专业基础尚浅，准备明显不足，我转向了其他领域的选题。但是，刘畅老师对"餐饮浪费行为的法律治理研究"选题高屋建瓴的指导意见给了我深刻的启发，对包括餐饮在内的食品浪费之法律治理有系统思考的期望也得以延续。

2021 年 4 月，第十三届全国人民代表大会常务委员会第二十八次会议通过《反食品浪费法》。该法的通过让我明确了反食品浪费的法律框架，但一度也让我怀疑是否还有进一步研究反食品浪费法律制度的必要。随着部分省市依据《反食品浪费法》颁布《反食品浪费条例》或者《反餐饮浪费条例》，我发现，尽管《反食品浪费法》构筑了我国反食品浪费的法律框架，但是，反食品浪费仍然任重道远，纸面的法律变成现实的行动、法律的要求变成每个人的习惯需要时间的积累，而《反食品浪费法》还需要完善和落实。于是，进一步搜集整理相关文献资料，便成为我学习之余的爱好。

2021 年 12 月，在徐继敏老师的指导下，我获得了"'双减'下学科类校外培训机构监管法治化研究——以成都市和重庆市主城区为例"大创项目的初步立项并于 2022 年 5 月获得国家级立项推荐。通过反复修改课题申请书、推进项目研究和撰写结题报告，最终较为圆满地完成该项目，在这期间徐老师给予了我系统的学术指导和训练。

2022 年春节，在家人的鼓励下，我拟订了《反食品浪费法律制度研究》书稿初步的撰写提纲。随后，为完成刘畅老师的《经济法》课程期末论文，我撰写了《论餐饮消费者反浪费义务》。面对部分省市已经出台《反食品浪费条例》或者《反餐饮浪费条例》等相关立法但川渝两省市仅有反食品浪费行动的现实，围绕成渝经济圈战略特别是两地协同发展，我撰写了《论成渝经济圈反食品浪费的法治协同》。但是，写作过程中才发现，或是对内容的驾驭、对知识的整体性把握欠缺，或是偶尔的懒惰与懈怠，独立完成撰写任务已经超出了我的能力。于是，从 2022 年暑假开始，我恳请黄敏学姐参与并指导和监督我。黄静学姐的参与和指导，特别是对书稿的认真修改，为完成书稿提供了强大助力。

书稿总算完成，尽管内容仍显稚嫩，但这一历程我收获良多，更是因获得无数帮助而心存感激：

感谢黄敏学姐的无私帮助！

感谢刘畅老师和徐继敏老师的精心指导！

特别感谢李平老师！刚刚入学时，李爷爷就让我去他办公室挑我喜欢的书，学习期间，李爷爷更是无微不至地关心我的学习和生活。

感谢我的父母和妹妹！我没有让父母少操心，妹妹奶声奶气地叫"姐姐"让我倍加幸福，也让我意识到作为姐姐的责任与担当。

感谢四川大学法学院！我在这里开始接受系统的法学教育，学院领导的卓越、老师的敬业、同学的勤奋，都是激励我的精神财富。

是为记。

赵宇灵
2023 年 2 月